AF305668

OBSERVATIONS

SUR

L'ESPRIT DES LOIX,

OU

L'ART

DE LIRE CE LIVRE,

DE L'ENTENDRE ET D'EN JUGER.

Par M. ***

Quæ in nemora, aut quos agor in specus ?
Horat. Od. XIX. Lib. III.

A AMSTERDAM,

Chez PIERRE MORTIER, Libraire.

AVIS

LE Livre de l'Esprit des Loix renferme de si grandes beautés, qu'on ne sçauroit trop exhorter le Public à le lire. Mais comme la méthode que l'Auteur a observée dans le cours de son Ouvrage, n'est point à la portée de la plûpart des Lecteurs ; ou plûtôt, comme cet Ouvrage n'a point de méthode bien suivie, on a crû pouvoir le présenter sous un arrangement différent, pour en faciliter la lecture. On trouvera ici ce qu'il y a de plus beau, de plus agréable, de plus intéressant ; ce qu'il y a de mieux dit, de mieux pensé dans tout le Livre. On a eu grand soin de ne rien omettre de ce qui peut donner une grande idée du génie noble & brillant de l'Auteur. Mais d'un autre côté on n'a point dissimulé les défauts de l'Ouvrage ;

A ij

& au milieu des plus beaux endroits, on a fait remarquer les taches
confidérables qui s'y trouvent. On
ofe fe flatter qu'après avoir lû
cette petite Brochûre, on connoîtra
mieux le Livre dont elle rend compte, que fi on lifoit le Livre même.
On en fçaura mieux les beautés &
les défauts, parce que les uns & les
autres font expofés ici dans tout leur

OBSERVATIONS
SUR L'ESPRIT DES LOIX,

OU L'ART DE LIRE CE LIVRE, DE L'ENTENDRE ET D'EN JUGER.

Qu'un bon Livre, un Livre bien-fait, tire de l'obscurité un Auteur inconnu, & donne de la célébrité à son nom, cela est dans l'ordre. Mais que le nom seul d'un Ecrivain célébre donne de la vogue à un Ouvrage défectueux, qu'on ait pour un Livre malfait la même estime que pour son Auteur, c'est introduire dans le monde Litteraire les usages du monde politique ; c'est attacher à la naissance des distinctions & des honneurs qui ne devroient être que le prix du mérite ; c'est accorder à des enfans, souvent pleins de défauts, des prérogatives & des hommages qui n'étoient dûs qu'à la vertu & aux belles actions de leur pere. Une haute naissance n'est qu'un engagement à la

A iij

gloire , elle ne la donne pas ; un
livre n'en eſt donc que plus ré-
préhenſible , lorſqu'en héritant du
nom de celui qui l'a fait , il n'hérite
point du mérite qui a rendu ce nom
célébre ; la nobleſſe eſt pour l'Auteur,
& la roture pour l'ouvrage. Que les
Grands ſe vantent d'avoir des Princes
& des Rois parmi leurs ancêtres ; s'ils
n'ont point d'autre gloire que celle de
leurs ayeux ; ſi leurs titres ſont leurs
uniques vertus , s'il faut rappeller les
ſiécles paſſés pour les trouver dignes
de nos hommages , ſi toute leur grandeur eſt dans leur nom ; on oppoſe
ſans ceſſe leur nom à leur perſonne ,
& le ſouvenir de leurs ayeux devient
leur opprobre. De même , quand un
ouvrage eſt ſorti des mains d'un grand
homme, s'il n'eſt recommandable que
par la réputation de ſon Auteur, ſi
le nom de l'Ecrivain fait ſon princi-
pal mérite, s'il faut ſe rappeller ſes
autres écrits pour trouver celui-ci digne de notre attention ; la comparai-
ſon qu'on en fait eſt juſtement ce qui
le deshonore. J'avoue que tout le
monde n'en jugera pas de même ; il

y aura des esprits superficiels qui se laisseront éblouir par la noblesse de son origine ; & sur quelques traits de grandeur qu'ils y remarqueront, ou qu'ils croiront y remarquer, ils décideront hardiment que l'Ouvrage entier est incomparable, & qu'il mérite tous nos éloges. S'il arrive que ce même Livre renferme du bon & du mauvais en même tems, si la même page dément & justifie tout à la fois l'idée qu'on s'étoit faite de l'Auteur ; c'est alors surtout que des Lecteurs peu intelligens, qui d'un côté se sont laissés prévenir par la réputation de l'Ecrivain, & qui trouvent de l'autre de quoi justifier une partie de leur admiration, s'aveuglent très-aisément sur tout le reste. Quelqu'un plus éclairé vient-il ensuite pour leur désiller les yeux ? Ils s'offencent du service qu'on veut leur rendre ; la lumiere qu'on leur présente leur est odieuse ; parce qu'elle leur fait voir le ridicule de leur préjugé ; & ils aiment mieux admirer ce qu'ils ne comprennent pas, que de comprendre qu'ils se sont trompés. Voilà en particulier ce qui est arrivé à l'égard de *l'Esprit des Loix.*

Cet Ouvrage admirable, dont tout le monde parle, & que très-peu de gens connoissent, parce qu'il y en a très-peu qui sçachent le lire, fait depuis long-tems le sujet de tous les entretiens ; tant il est vrai qu'on peut s'entretenir long-tems de ce que l'on entend le moins. Peut-être même est-ce parce qu'on ne l'entend pas qu'on en parle tant ; faut-il donc s'étonner si on en parle mal ? C'est pour rectifier là-dessus les idées d'une infinité de gens, c'est pour les mettre en état de suivre l'Auteur dans sa marche, toute irréguliere qu'elle est ; ou plûtôt, c'est pour corriger l'irrégularité de cette marche, & apprendre ce qu'il y a à louer ou à condamner dans ce Livre, que j'entre dans l'examen de toutes les parties qui le composent. Je sens à quoi m'engage une pareille entreprise ; dans quelles forêts, dans quels antres me transporte un semblable dessein ?

Quæ in nemora, aut quos agor in specus ?

J'entre dans un labyrinthe où l'on

ne remarque aucune iflue. Les fen-
tiers en font extrémement étroits ; encore y trouve-t-on à chaque pas une
infinité de plantes étrangeres qu'on
eft obligé d'arracher pour fe former
un paflage. On fent quelquefois que
l'on marche dans des chemins déja
frayés ; mais tout-à-coup on fe voit
arrêté par des rochers efcarpés, ou par
des précipices dont il eft impoffible
d'appercevoir la profondeur. D'autrefois on eft tranfporté au milieu d'une
riante campagne , dans une prairie
émaillée , où mille petits ruiffeaux
ferpentent agréablement entre les
fleurs ; on eft tout furpris enfuite,
après avoir traverfé ces différentes
routes , de fe retrouver dans des chemins qu'on croyoit avoir quittés. Car
voilà le caractere de cet ouvrage ;
il faut aller chercher quelquefois à la
fin du fecond ou du troifiéme volume, la fuite de ce qu'on avoit commencé à lire dans le premier, & le
plus fouvent ce qui précéde n'a aucun
rapport avec ce qui fuit. Rien n'eft à
fa place dans ce Livre ; & les plus
belles chofes y perdent leur prix.

parce qu'elles n'y font prefque jamais
expofées dans le point de vûe qui leur
eft propre. L'obfcurité y régne partout & jufques dans les titres mêmes,
dont la plûpart n'annoncent pas toujours ce que le chapitre renferme. Prenons, par exemple, celui qui eft à la
tête de tous les autres, *de l'Efprit des
Loix.* Que fignifie ce titre dans le fens
de l'Auteur ? Je n'ai encore trouvé
perfonne qui ait fçû me le dire. M. de
M. appelle les Loix, *des rapports qui
dérivent de la nature des chofes.* L'Efprit
desLoix eft donc l'efprit de ces raports?
Cela eft-il bien clair ? Cela donne-t-
il une idée nette de l'Ouvrage ? On
dit communément l'efprit d'un Etat,
d'un Corps, d'un Gouvernement,
d'une Religion ; & l'on entend par-là
le principe qui y fait agir, les vûes
qu'on s'y propofe, le but auquel on
vife. On dit encore l'efprit d'un Arrêt,
d'un Reglement, d'une Ordonnance,
pour fignifier leur vrai fens, ou les
motifs qui y ont donné lieu. Il femble donc que par *l'Efprit des Loix* on
devroit entendre auffi l'intention
qu'ont eue les Légiflateurs qui les ont

établies, & les raifons qui les ont fait
recevoir. C'eft proprement là ce que
paroît annoncer d'abord le titre de ce
Livre ; mais ce n'eft pas tout-à-fait ce
que l'Ouvrage contient , ni ce que
l'Auteur lui-même a entendu. C'eft
plûtôt ici un Recueil de reflexions fur
la conftitution des Etats , fur leur nature , leurs principes , leurs mœurs,
leur climat, leur étendue, leur puiffance ; fur les caufes de leur établiffement, de leur progrès , de leur confervation , de leur décadence , de leur
ruine. On y parle en particulier de
chaque forte de gouvernement, de
ce qui en forme l'efprit & le caractè-
re ; des récompenfes qu'on y propofe,
des peines qu'on y décerne , des vertus qu'on y pratique , des fautes qu'on
y commet , de l'éducation qu'on y
donne, du luxe qui y regne , de la
monnoye qui y a cours, de la Religion qu'on y profeffe. On y compare le
commerce d'un peuple avec celui d'un
autre ; celui des anciens avec celui
d'aujourd'hui ; celui d'Europe avec
celui des trois autres parties du monde. On y examine quelles Religions ;
A vj

quelles Loix conviennent mieux à certains climats, à certains gouvernemens. Voilà ce que l'Auteur appelle
l'Esprit des Loix, & ce que je nom-
merois plus volontiers l'Ame du monde, ou le Tableau Moral de l'univers.

Bien des gens regardent ce Livre
comme le meilleur qui ait paru depuis
long-tems. Je crois que c'est le plus
curieux, le plus étendu, le plus intéressant; mais ce n'est pas le mieux fait.
Le plus curieux; puisqu'il a pour objet les Loix, les Coutumes & les divers usages de tous les peuples de la
terre. Le plus étendu; puisqu'il em-
brasse toutes les Institutions qui sont
reçues parmi les hommes. Le plus intéressant; puisque l'Auteur examine
les pratiques qui conviennent le plus
à chaque Société; qu'il en cherche
l'origine, qu'il en découvre les causes,
qu'il en expose les effets. L'idée, comme on voit, en est admirable, & l'on
y trouve d'ailleurs une infinité de
grands traits, d'images frappantes,
de pensées neuves, de réflexions pro-
fondes qui prouvent bien certaine-

ment que l'Auteur est un grand homme ; mais qui ne suffisent pas tout-à-fait pour faire un bon ouvrage. On souhaiteroit qu'il y eût plus de choix dans les matieres, de méthode dans la distribution, de netteté dans le style, de clarté dans les pensées, & surtout plus de justesse dans les raisonnemens; moins de liberté, de paradoxes, de longueurs même dans bien des endroits. Enfin, l'Auteur a imaginé un très-bon Livre qu'il a mal exécuté. Entrons dans le détail, & tâchons de mettre dans cet Extrait un peu plus d'ordre qu'il n'y en a dans tout le Livre.

Pour procéder avec méthode à l'examen de cet Ouvrage, je me garderai bien de m'engager dans la route que l'Auteur a suivie ; c'est un labyrinthe d'où je ne sortirois jamais. Son Livre est divisé en cinq cens quatre-vingt-treize Chapitres, qui ne servent qu'à y répandre la confusion, & à jetter de l'embarras dans l'esprit des Lecteurs. Je réduirai à cinq articles principaux, ou plutôt je réunirai sous cinq points de vûe différens, les diverses matieres qui sont renfermées

dans ces trois volumes. Je parlerai d'a-
bord de ce qui regarde la Religion ;
enfuite de la Morale ; en troifiéme
lieu, de la Politique ; quatriémement
de la Jurifprudence ; & je finirai par
ce qui concerne le commerce. Je ne
confidererai tout cela que par rapport
au climat & au gouvernement. L'Auteur lui-même paroît n'avoir envifagé
que ces deux rapports ; il femble
donc, que pour donner à cet ouvrage
découfu la liaifon qui lui manque, il
n'y avoit qu'à le divifer en cinq parties feulement, & faire voir quelle eft
la Religion, la Morale, la Politique,
la Jurifprudence & le Commerce qui
conviennent davantage à chaque climat, à chaque forte de Gouvernement.
Par cette divifion fimple, claire, naturelle, le Lecteur eût vû du premier
coup d'œil ce qu'il n'apperçoit qu'avec
bien de la peine, ce que l'Auteur
lui-même femble avoir voulu cacher.
Quoi qu'il en foit, il eft certain que
c'eft là principalement ce que renferme le Livre de l'Efprit des Loix ; c'eft
à ces cinq objets qu'on peut rapporter ce qui fe trouve difperfé fans or-

dre dans tout le cours de cet Ouvrage. Voilà du moins l'idée que je m'en
fuis formée moi - même. Voilà fous
quel afpect j'ai crû devoir le préfen-
ter au public.

ARTICLE I.

LA RELIGION,

Confiderée par rapport au climat & au
Gouvernement.

L'AUTEUR de l'Efprit des Loix,
qui ne fe donne point pour Théo-
logien, ne parle ici de la Religion,
que comme Philofophe. Ce n'eft que
comme Philofophe non plus, que j'e-
xaminerai fes principes; & fi j'en trouve quelques-uns qui me paroiffent
contraires aux idées de la raifon, je
ne me fervirai que de ces mêmes
idées pour les combattre.

L'Auteur, fans entrer d'abord dans
le détail des Religions particulieres,
prétend que la Religion en général, a
plus de force & plus d'influence
dans les Etats defpotiques, que
dans les Monarchies. Dans les pre-

premiers, dit-il, elle est la seule chose
qu'on puisse opposer à la volonté du
Prince. ʺ On abandonnera son pere,
ʺ on le tuera même, si le Prince l'or-
ʺ donne ; mais on ne boira pas de
ʺ vin, s'il le veut & s'il l'ordonne. Les
ʺ loix de la Religion sont d'un pré-
ʺ cepte supérieur, parce qu'elles sont
ʺ données sur la tête du Prince, com-
ʺ me sur celle des sujets; mais quand
ʺ au droit naturel, il n'en est pas de
ʺ même ; le Prince est supposé n'être
ʺ plus un homme.

L'Auteur suppose lui-même ici une
chose fausse, sçavoir, que la Religion
qui interdit l'usage du vin, ne reprou-
ve pas aussi le parricide, & que Mahomet en prescrivant à ses peuples la
sobriété & la tempérance, ne leur a
pas défendu en même-tems, & sous
des peines encore plus grieves, d'être
injustes, cruels & inhumains envers
leurs peres. N'est-ce pas vouloir con-
fondre toutes les idées, que de ne
pas reconnoître comme loi de Religion, ce que toutes les Religions du
monde ont toujours regardé comme
une de leurs loix les plus sacrées? Cer-

tainement il n'eſt pas plus permis dans la Religion Mahométane, que dis-je? Il eſt cent fois plus défendu d'attenter à la vie de ſon pere pour obéir aux caprices de l'Empereur que de boire du vin; & un fils qui refuſeroit de commettre un parricide qui lui ſeroit ordonné par le Prince, ne feroit que ſe conformer à un des premiers préceptes de ſa loi. N'eſt-ce pas une choſe ſinguliere qu'on faſſe principalement conſiſter la loi de Mahomet à s'abſtenir de vin? c'eſt comme ſi l'on vouloit réduire tous les devoirs d'un chrétien à jeûner pendant le carême. S'il y a des gens à Conſtantinople, qui ſe feroient un ſcrupule d'en boire, & qui ne s'en feroient pas un de tuer leur pere, ſurtout ſi leur fortune ou l'ordre du Souverain l'exigeoient, ce ſont de faux dévots, comme on en voit partout; & le Prince & le ſujet agiroient également contre leur Religion, l'un en ordonnnant le parricide, l'autre en le commettant.

Mais ſur quoi ſe fonde l'Auteur, lorſqu'il prétend que la Religion a plus de force dans les Etats deſpotiques, que dans les Monarchies ? C'est, dit-il, parce qu'elle est l'unique chose qu'on puisse opposer à la volonté du despote. Mais pourquoi cette puissance étant seule, est-elle plus forte que si elle étoit accompagnée de celle des loix ? Deux pouvoirs réunis ne se soutiennent-ils pas mutuellement ; & n'est-ce pas par cette union là même qu'ils acquierent une nouvelle force ? D'ailleurs, dans un Etat où l'on ne ménage rien, où l'on abuse de tout, on ne respecte pas plus la Religion que tout le reste. Dans les Monarchies au contraire on a pour les loix du respect & de la soumission ; à plus forte raison en aura-t-on aussi pour la Religion qui est la premiere & la plus respectable de toutes les loix. L'Auteur est néanmoins d'un sentiment bien opposé ; car il dit expressément qu'un » Courtisan se croiroit ridicule dans » une Monarchie, d'alléguer au Prince » les loix de la Religion ». Mais le grand Racine a-t-il paru ridicule au Parterre François, lorsqu'il a introduit sur notre Théâtre un Courtisan qui adresse ces paroles à une Reine ?

Du Dieu que nous fervons tel eft l'ordre
    éternél.

Eh ! quoi , vous de nos Rois & la femme
    & la mere,

Eftes-vous à ce point parmi nous étran-
    gere ?
Ignorez-vous nos Loix ?

Voilà un Courtifan , qui , dans une
Monarchie ne rougit point d'alléguer
à fa Souveraine les loix de fa Religion.
J'avoue que tandis qu'Abner parle
ainfi à Athalie, un autre tient à cette
Reine un langage tout différent.

Eft-ce aux Rois à garder cette lente juftice!
Leur fûreté fouvent dépend d'un prompt
    fuplice.
N'allons point les gêner d'un foin embar-
    raffant,
Dès qu'on leur eft fufpect, on n'eft plus
    innocent.

C'eft un Prêtre qui parle de la forte ; mais l'homme de Cour qui l'entend, bien loin de lui applaudir, en
eft indigné, & il ne croit pas que ce

foit une chofe ridicule pour lui, quoique dans une Monarchie, de rappeller à ce mauvais Pontife, en préfence
de la Reine, les devoirs de fon état &
de fa religion.

Hé quoi, Mathan ? d'un Prêtre eft-ce-là
le langage !

Si quelqu'un de ces deux hommes
doit rougir, c'eft le Prêtre qui oublie
fon état, plutôt que le Courtifan qui
l'y rappelle.

De la Religion en général, paffons
aux Religions différentes qui font
dans l'univers. Il y en a deux principales qui partagent prefque aujourd'hui
le monde entier ; la Chrétienne & la
Mahométanne.

» La Religion Chrétienne, dit l'Au-
» teur, eft éloignée du pur defpotif-
» me ; c'eft que la douceur étant fi re-
» commandée dans l'Evangile, elle
» s'oppofe à la colere defpotique avec
» laquelle le Prince fe feroit juftice,
» & exerceroit fes cruautés.

» Cette Religion défendant la plu-
» ralité des femmes, les Princes y

» font moins renfermés, moins fépa-
» rés de leurs fujets, & par conféquent
» plus hommes : ils font plus difpofés
» à fe faire des Loix & plus capables
» de fentir qu'ils ne peuvent pas tout.

» Pendant que les Princes Mahomé-
» tans donnent fans ceffe la mort ou
» la reçoivent, la Religion chez les
» Chrétiens rend les Princes moins ti-
» mides, & par conféquent moins
» cruels.

» C'eft la Religion Chrétienne, qui
» malgré la grandeur de l'Empire &
» le vice du climat, a empêché le def-
» potifme de s'établir en Ethiopie, &
» a porté au milieu de l'Affrique les
» mœurs de l'Europe & fes loix.

» La Religion Mahométane, qui
» ne parle que de glaive, agit encore
» fur les hommes avec cet efprit def-
» tructeur qui l'a fondée.

Dans les Etats defpotiques, pour
adoucir & temperer le pouvoir arbitraire, » il convient qu'il y ait quel-
» que livre facré qui ferve de regle,
» comme l'Alcoran chez les Arabes,
» les livres de Zoroaftre chez les Per-
» fes, &c. Le Code Religieux fup-

» plée au code civil & fixe l'arbitrai-
» re. Il n'eſt pas mal que dans les cas
» douteux, les Juges conſultent les Mi-
» niſtres de la Religion : auſſi en Tur-
» quie les Cadis interrogent-ils les
» Mollachs.

Sur tout ceci, voici comme je raiſonne : s'il eſt vrai, comme l'Auteur le dit, & comme l'on ne doit pas en douter, que la Religion Chrétienne ſoit ſi douce & le deſpotiſme ſi cruel ; s'il eſt vrai encore que la Religion Mahométane ne parle que de glaive, de maſſacre, de deſtruction : enfin, & c'eſt ici le point capital ſur lequel tombe mon raiſonnement ; s'il eſt vrai que ce ſoit à la Religion à adoucir & à temperer le pouvoir arbitraire, bien loin de conclure comme fait l'Auteur, que le Mahométiſme ſoit plus convenable que l'Evangile au Gouvernement deſpotique ; je tire une conſéquence toute contraire, & je dis que c'eſt la Religion Chrétienne qui convient mieux que l'autre à la dureté de ce Gouvernement. Qu'on ſe ſouvienne au moins que c'eſt toujours dans les principes

de l'Auteur que je raifonne. En effet,
laquelle de ces deux Religions eft la
plus capable d'adoucir le pouvoir arbitraire, ou celle qui ne parle que de
glaive & de deftruction, ou celle dont
la morale eft fi douce & fi bienfaifante?
celle dont la févérité favorife la cruau-
té du Souverain, ou celle dont la douceur s'oppofe continuellement à fa tyrannie ? Celle qui rend les Princes
plus humains en les tenant moins fé-
parés de leurs fujets , ou celle qui en
les rendant plus timides , les rend
par conféquent plus cruels ? C'eft une
façon bien finguliere de temperer le
pouvoir exceffif du defpotifme, que de
lui mettre en main un nouveau moyen
de fatisfaire fa barbarie , & de confa-
crer , pour ainfi dire, par la Religion ,
toutes les inhumanités de fon Gouvernement. Comment peut-on écrire des
chofes fi contradictoires ? Et comment
eft-il arrivé que la plûpart des Lecteurs
ne les ayent pas fenties ?

Ce n'eft pas encore là tout : & je
prétends non-feulement que l'Auteur
s'eft contredit ; mais je foutiens de
plus actuellement que ce caractere de
févérité qu'il donne partout à la Reli-

gion de Mahomet ne lui convient en aucune maniere. Elle ne parle, dit-il, que de glaive ; cela eſt vrai ; mais ce n'eſt que contre ſes ennemis qu'elle veut qu'on l'emploie, & non pas contre ceux qui la profeſſent. Mahomet a ordonné à ſes diſciples de ne pas épargner la tête de quiconque voudroit leur perſuader de quitter ſa loi pour en embraſſer une autre. Mais il leur a en même tems très-ſévérement défendu de ſe nuire mutuellement. Il n'a point permis aux Prince s ſes ſucceſſeurs de tremper injuſtement leurs mains dans le ſang de leurs ſujets ; & il n'y a aucun dogme de ſa religion qui autoriſe les cruautés & les injuſtices à l'égard de ceux qui y ſont ſoumis. L'Auteur a parlé des Mahométans ſelon les idées populaires ; & il les repréſente toujours le bras levé, le ſabre à la main, uniquement occupés à couper des têtes. Il fait plus, & c'eſt dans leur religion même qu'il croit découvrir la cauſe de cette prétendue barbarie. Je conviens que cette religion eſt fauſſe, inſenſée, ridicule ; mais il ne s'enſuit pas qu'elle

ſoit

ſoit cruelle, barbare, inhumaine envers ſes ſectateurs. Toute fauſſe qu'elle eſt, elle peut être très douce dans ſa morale ; cela n'eſt point du tout incompatible. L'Auteur lui-même n'en diſconvient pas , & il eſt étonnant qu'il ait ſi-tôt oublié, ce qu'il avoit dit ailleurs ; ſçavoir que » dans un pays où l'on a le malheur d'avoir une reli- » gion que Dieu n'a pas donnée, il eſt » toujours néceſſaire qu'elle s'accorde » avec la morale ; parce que la reli- » gion, même fauſſe, eſt le meilleur » garant que les hommes puiſſent » avoir de la probité des hommes. Auſſi, continue-t-il, » les points prin- » cipaux de la Religion de ceux du » Pégu, ſont de ne point tuer, de ne » point violer, de ne faire aucun dé- » plaiſir à ſon prochain, de lui faire » au contraire tout le bien qu'on » peut. Avec cela, ils croyent qu'on » ſe ſauvera dans quelque religion » que ce ſoit. Ce qui fait que ces » peuples, quoique fiers & pauvres, » ont de la douceur & de la compaſ- » ſion pour les malheureux.

Pourquoi n'en ſeroit-il pas de même des Mahométans ? Pourquoi faire tomber fur leur religion les cruautés de leur gouvernement ? Pourquoi la rendre odieufe , tandis qu'elle n'eft que ridicule ? J'avoue bien encore une fois qu'il y a parmi eux , comme par tout ailleurs , de faux dévôts , des efprits fuperftitieux , des hypocrites qui fe fervent de fon nom pour autorifer leur fureur;& qui croyent rendre gloire à Dieu en perfécutant leurs freres.

L'amour de mon devoir & de ma nation , *
Et ma reconnoiffance & ma *religion* ,
Tout ce que les humains ont de plus refpeç-
    table ,
M'infpira des forfaits le plus abominable.

Tel eft le langage d'un Fanatique Mufulman ; mais un Difciple éclairé de Mahomet le defapprouve. Pourfuivons.

La Religion Chrétienne eft divifée en plufieurs partis : les principaux font les Catholiques & les Proteftans. Les Catholiques , dit l'Auteur , s'accommodent mieux de l'Etat Monar-

* M. de Voltaire.

chique ; le Gouvernement Républi-
quain convient d'avantage à la religion Proteftante. Mais je demande;
fur quoi tout cela eft-il fondé , & ne
pourroit-on pas foutenir également
l'opinion contraire ? car enfin quelles
font les preuves que l'Auteur apporte
pour établir fon fentiment ? Les voici,
& l'on en jugera.

    » Quand la Religion Chrétienne
» fouffrit, il y a deux fiécles ce mal-
» heureux partage qui la divifa en
» Catholique & en Proteftante, les
» peuples du Nord embrafferent la
» Proteftante, & ceux du Midi gar-
» derent la Catholique. C'eft que les
» peuples du Nord ont & auront tou-
» jours un efprit d'indépendance &
» de liberté que n'ont pas les peuples
» du Midy ; & qu'une Religion qui
» n'a point de chef vifible, convient
» mieux à l'indépendance du climat
» que celle qui en a un.

Voilà en vérité des raifons bien
fingulieres ! & moi je dis que fi les
pays du Nord font devenus Luthe-
riens , fi ceux du Midy font reftés Catholiques , fi une partie de la Suiffe

eſt devenue Calviniſte, c'eſt uniquement parce que Luther & Calvin ont prêché leur doctrine en Suiſſe & en Allemagne, & qu'ils n'ont point pénétré vers le Midy de l'Europe. Pourquoi n'y ont-ils point pénétré ? c'eſt par la raiſon toute ſimple que Luther etoit un Allemand & Calvin un François refugié en Suiſſe. L'un eſt reſté dans ſon pays, parce qu'il y trouvoit de la protection ; l'autre a quitté le ſien, parce qu'il n'y trouvoit point ſa ſûreté. Si Luther eût débité ſes erreurs en Italie ou en Eſpagne, & que l'Inquiſition n'y eût point été établie, l'Eſpagne & l'Italie ſeroient peut être Proteſtantes aujourd'hui comme la Saxe & le Brandebourg. Calvin s'eſt ſauvé en Suiſſe, & il y a enſeigné ſes opinions ; la Suiſſe eſt devenue Calviniſte ; cela eſt bien ſimple ; & la même choſe eût fort bien pû arriver, quand même les Cantons euſſent formé un Etat Monarchique. Pourquoi non ? La Suéde, le Dannemark, l'Angleterre ; les Electorats de Saxe, de Brandebourg, d'Hanovre formoient-ils des Républiques, lorſqu'ils ont

embraſſé les nouvelles opinions ? &
depuis qu'ils ſont devenus Proteſtans,
ont-ils ceſſé d'être gouvernés par des
Souverains ? D'ailleurs les Républiques de Pologne, de Veniſe, de Gènes,
de Luques, de Saint Marin, de Ra-
guſe ne ſe ſont-elles pas toujours par-
faitement accommodées de la Religion Catholique ? aucune d'elles a-t-
elle jamais crû qu'il lui convint mieux
de ſe faire Proteſtante, à raiſon de la
forme de ſon Gouvernement ? En vérité, il eſt bien étonnant, que parmi
les ſept ou huit Républiques que nous
avons en Europe, il n'y en ait que
deux ou trois qui ayent adhéré aux
ſentimens de Luther & de Calvin,
tandis qu'elles avoient toutes un ſi
grand intérêt à les ſuivre ! plus étonnant encore, que parce que ces deux
ou trois les ont ſuivis, on vienne nous
dire ſérieuſement, que la Religion
Proteſtante eſt celle qui convient le
mieux à toutes les Républiques ! il
n'eſt pas douteux, qu'un peuple libre
& accoutumé à l'indépendance, comme ſont les Républicains, ne s'accommode toujours mieux de la Religion

qui le gêne le moins, & que, par cette raison, il doit, humainement parlant, préférer la Proteſtante à la Catholique. Mais d'un autre côté on tireroit contre l'Auteur une conſéquence tout-à-fait oppoſée à un de ſes principes. Car s'il eſt vrai, que la Religion la plus commode eſt celle qui s'accorde le mieux avec le Gouvernement le plus libre, il faut qu'il convienne néceſſairement, que l'Etat le plus deſpotique doit être auſſi le plus diſpoſé à recevoir la Religion la plus gênante, la plus contraire à nos plaiſirs, la moins conforme à nos goûts, à nos penchans, à nos inclinations ; en un mot, la Religion Chrétienne. Cette conſéquence, comme on voit, combat directement ce principe qu'il a avancé plus haut ; ſçavoir, que *le Gouvernement moderé convient mieux à la Religion Chrétienne ; & le Gouvernment deſpotique à la Mahométane.*

M. de M. a dit dans un endroit de ſa Préface, que plus on réfléchira ſur les détails de ſon Livre, plus on ſentira la certitude de ſes principes. Tout le contraire m'eſt arrivé en le

lifant. Ses principes m'avoient paru
vrais au premier coup d'œil ; au premier coup d'œil j'avois cru, par exemple, que la Religion Catholique convenoit mieux au Gouvernement Monarchique que la Proteſtante, parce
que je conſiderois la choſe dans ſa
nature ; & voici quel étoit mon raiſonnement : dans une Monarchie,
c'eſt un homme ſeul qui gouverne ;
la Religion Catholique n'eſt ſoumiſe
également qu'à un chef : les Républicains aiment la liberté, & la liberté eſt plus grande dans la Religion
Proteſtante que dans la nôtre : de-là
je concluois qu'en effet, l'Etat Monarchique s'accommodoit mieux de
nôtre Religion, & que l'autre convenoit d'avantage à une République.
Mais après avoir réfléchi ſur les détails dans leſquels l'Auteur eſt entré
à ce ſujet ; après avoir examiné atten-
tivement ſes raiſons, j'ai commencé
à croire que ce principe étoit faux ; &
que la Religion Catholique convenoit
également bien à l'un & à l'autre Gouvernement.

Avant d'aller plus loin & de conſiderer le rapport qu'a la Religion avec le climat, il eſt bon, pour délaſſer le Lecteur, de rapporter ici quelques endroits choiſis de ce Livre ; ils feront toujours connoître de plus en plus le génie brillant & ſublime de l'Auteur.

» L'homme pieux & l'Athée par-
» lent toujours de la Religion ; l'un
» parle de ce qu'il aime, & l'autre de
» ce qu'il craint.

» Quand il ſeroit inutile que les
» ſujets euſſent une religion, il ne le
» ſeroit pas que les Princes en euſſent,
» & qu'ils blanchiſſent d'écume le ſeul
» frein que ceux qui ne craignent
» pas les loix humaines puiſſent avoir.
» Un Prince qui aime la religion &
» qui la craint, eſt un lion qui céde à
» la main qui le flatte, ou à la voix
» qui l'appaiſe. Celui qui craint la
» religion & qui la hait, eſt comme
» les bêtes ſauvages qui mordent la
» chaîne qui les empêche de ſe jetter
» ſur ceux qui paſſent. Celui qui n'a
» point du tout de religion, eſt cet
» animal terrible qui ne ſent ſa li-
» berté que lorſqu'il déchire & qu'il
» dévore.

» Le soin que les hommes doivent
» avoir de rendre un culte à la Divi-
» nité, est bien différent de la magni-
» ficence de ce culte. Ne lui offrons
» point nos trésors, si nous ne voulons
» lui faire voir l'estime que nous fai-
» sons des choses qu'elle veut que
» nous méprisions.

» Nous sommes extrémement por-
» tés à l'idolâtrie, & cependant nous
» ne sommes pas fort attachés aux
» religions idolâtres ; nous ne som-
» mes guères portés aux idées spiri-
» tuelles, & cependant nous sommes
» très attachés aux Religions qui nous
» font adorer un Etre spirituel. Cela
» vient de la satisfaction que nous
» trouvons en nous-mêmes, d'avoir
» été assez intelligens pour avoir choisi
» une Religion, qui tire la Divinité de
» l'humiliation où les autres l'avoient
» mise.

» Les Mahométans ne feroient pas
» si bons Musulmans, si d'un côté il
» n'y avoit pas des peuples idolâtres,
» qui leur font penser qu'ils sont les
» vengeurs de l'unité de Dieu ; & de
» l'autre des Chrétiens, pour leur fai-

„ re croire qu'ils font l'objet de fes
„ préférences.

„ Les hommes font extrémement
„ portés à efpérer & à craindre ; &
„ une religion qui n'auroit ni enfer
„ ni paradis, ne fçauroit guère leur
„ plaire.

„ Lorfque le culte extérieur a une
„ grande magnificence , cela nous
„ flatte , & nous donne beaucoup
„ d'attachement pour la religion. Les
„ richeffes des Temples & celles du
„ Clergé nous affectent beaucoup.
„ Ainfi la mifere même des peuples
„ eft un motif qui les attache à cette
„ religion , qui a fervi de prétexte à
„ ceux qui ont caufé leur mifere.

Entrons dans la feconde partie de
cet article , pour voir quel rapport
l'Auteur de l'Efprit des Loix trouve
entre la religion & le climat.

Si je prenois ici la qualité de Théo-
logien , je dirois à M. de M. que la
Religion Chrétienne doit être celle
de tous les hommes , de tous les
pays , de tous les climats. Que Jefus-
Chrift en ordonnant à fes Apôtres
d'aller annoncer fon Evangile , ne

leur a point dit : vous n'irez qu'en France , qu'en Allemagne , en Angleterre , en Italie , en Portugal & en Espagne , parce qu'il n'y a que ces pays-là , où il ne fasse ni trop chaud , ni trop froid, pour être chrétien. Mais il leur a dit : Allez & parcourez toute la terre ; *ite in mundum universum.* Prêchez à tous les peuples du monde la loi que vous professez. Annoncez-la aux nations qui habitent sous la Zône torride, & à celles qui sont les plus voisines des Pôles. Les unes & les autres sont également intéressées à me connoître ; & quelle que soit la température de l'air qu'elles respirent, dites leur qu'il n'y a point de salut pour elles , si elles refusent de nous reconnoître , vous pour mes Ministres ; & moi pour leur Dieu. Tel est le raisonnement dont je me servirois, s'il m'étoit permis d'employer contre un Philosophe les armes que la Religion me fournit. Mais ce n'est qu'à la Philosophie que je veux avoir recours , c'est-à-dire à la raison. Elle ne sera peut-être pas plus favorable aux principes de l'Auteur, que la Religion

même. Voici d'abord deux propofitions que je tire de fon Livre.

,, L'ancienne Religion s'accorde
,, avec le climat, & fouvent la nou-
,, velle s'y refufe.

,, Il femble , humainement par-
,, lant , que ce foit le climat qui a
,, prefcrit des bornes à la Religion
,, Chrétienne & à la Religion Maho-
,, métane.

Je remarque d'abord dans la premiere de ces deux Propofitions une
contradiction manifefte avec la feconde ; & c'eft là un défaut dans lequel l'Auteur tombe affez fouvent ,
comme on le verra dans la fuite. Car
qu'on lui demande quelle étoit en
Afie l'ancienne Religion , lorfque
celle de Mahomet y prit naiffance ?
Il faudra bien qu'il convienne nécef-
fairement que c'étoit la Religion
Chrétienne. Donc , felon fes principes , c'étoit là elle, comme étant la plus
ancienne, à s'accorder au climat , plûtôt qu'à la Mahométane. Cependant ,
tout le contraire eft arrivé , & la Religion Chrétienne , malgré fon an-
cienneté , faute de pouvoir s'accorder

avec le climat, a été obligée de céder ſa place à l'autre. Voilà donc le climat qui ſe déclare préſentement pour la nouvelle Religion au préjudice de l'ancienne , lui qui devoit il n'y a qu'un moment, préférer toujours l'ancienne à la nouvelle.

Outre cette contradiction qui me paroît bien ſenſible , je découvre encore dans la ſeconde propoſition que je viens de rapporter un défaut de raiſonnement qui étonne. L'Auteur prétend que c'eſt le climat qui a preſcrit des bornes à la Religion Chrétienne & à la Religion Mahométane ; qu'il n'y a que les pays que ces deux Religions occupent actuellement , qui leur conviennent à l'une & à l'autre ; & que partout ailleurs elles ne pourroient pas ſubſiſter long-tems. Eſt-il poſſible que l'Auteur ait ignoré l'Hiſtoire des ſix premiers ſiécles de l'Egliſe ? Il faut bien le croire, ſans doute , puiſque s'il en avoit eu la plus legere connoiſſance, il auroit vû que jamais la Religion Chrétienne n'a été plus floriſſante que dans le tems qu'elle

habitoit les plus belles Provinces de
l'Asie. C'est alors,

Qu'on les vit ces Chrétiens remplissant
　　tour à tour *
Les devoirs inspirés par le celeste amour.
Aucun ne se plaignoit de sa propre mi-
　　sere,
Et ne s'intéressoit qu'aux malheurs de son
　　frere.
L'un, par de saints discours, préparoit à la
　　mort
Un ami dont les maux alloient finir le
　　sort.
Un autre, pour couvrir un vieillard véné-
　　rable,
S'exposoit aux rigueurs de l'air impi-
　　toyable ;
Les peres au martyre encourageoient leurs
　　fils,
Prêts à voir leurs trépas sans en être at-
　　tendris.
Des corps déja mourans & couverts de
　　blessures,
Se sentoient soulagés par les mains les
　　plus pures.

* *Campistron.*

Des Vierges à l'envi, par ces actes pieux,
Prudentes s'affuroient l'héritage des cieux ;
Et répétant des chants inventés par les
    Anges ,
De l'Eternel fans ceffé entonnoient les
    louanges.

Eft-il un endroit fur la terre, où la Religion Chrétienne ait paru avec plus d'éclat, où elle ait produit des fruits plus excellens, que dans ces mêmes climats , avec lefquels cependant on veut nous faire à croire qu'elle ne fçauroit s'accorder ? Ils s'en font bien accommodés pendant plus de fix cens ans ; pourquoi donc ne s'en accommoderoient-ils pas encore aujourd'hui ? D'ailleurs , eft-il un pays dans le monde qui convienne mieux à la Religion Chrétienne, que celui où elle a pris naiffance ? L'air qu'elle refpire lui eft naturelle ; & fi le climat lui a été favorable dans le tems qu'elle étoit encore foible , & qu'elle pouvoit à peine fe foutenir ; pourquoi lui feroit-il devenu contraire lorfqu'elle y fut plus folide-

ment établie ? Ah ! c'eſt qu'auparavant le partage des terres n'avoit pas
été fait ; le climat ne lui avoit point
encore aſſigné ſes limites.

Mais rien n'eſt plus bizarre, rien
n'eſt plus inconſtant que le climat ;
celui du Jourdain voulut eſſayer de
toutes les Religions : d'abord il favo-
riſa l'idolatrie ; enſuite il protegea la
loi de Moyſe ; après quoi il s'accorda
avec la Religion Chrétienne ; & aujourd'hui il s'accommode mieux de
celle de Mahomet. N'importe, malgré toutes ces variations, on veut le
faire ſervir de regle à la choſe du
monde qui doit le moins varier.

En Norvége le climat eſt froid, on
y eſt vêtu de peau. Chez nous où il eſt
tempéré, on eſt habillé de ſoye ou
de laine. Aux Indes il fait plus chaud,
on y porte des habits de toile ou de
coton. Dans les endroits où la chaleur eſt exceſſive, on n'en porte
point du tout. On veut qu'il en ſoit
de même de la Religion, qu'on en
change ſelon les climats;pourquoi pas
auſſi ſelon les ſaiſons ? On dira donc

bien-tôt la Religion d'hyver, la Religion d'été.

Voici de quelle maniere M. de M.
diftribue les différentes-Religions. Il
met la Mahométane en Afie, la Chrétienne en Europe; il place la Proteftante au Nord, la Catholique au
Midy; c'eft-à-dire, qu'étant ainfi pla-
cées, il cherche dans la nature du
climat, les caufes de cette difpofi-
tion. Un autre diroit tout fimplement, que fi l'Europe n'eft pas Mahométane comme l'Afie, c'eft que
Mahomet étoit en Afie & non pas
en Europe; cette raifon eft naturelle
& vraie; mais elle n'a pas le mérite
de la nouveauté; il ne faut pas beaucoup d'efprit pour la découvrir; tout
le monde eft bon pour cela : au lieu
que cette influence du climat eft une
découverte ingénieufe qui ne peut
être attribuée qu'à la pénétration d'efprit de l'Auteur. Quoi de plus fatis-
faifant que de trouver dans chaque
chofe des rapports auxquels perfonne
n'a jamais penfé? Quoi de plus ingénieux, par exemple, que ce qui fuit.

„ L'opinion de la métempficofe

,, eſt faite pour le climat des Indes.
,, L'exceſſive chaleur brûle toutes les
,, campagnes, on n'y peut nourrir que
,, très-peu de bêtail ; on eſt toujours
,, en danger d'en manquer pour le la-
,, bourage ; les bœufs ne s'y multi-
,, plient que médiocrement, ils ſont
,, ſujets à beaucoup de maladies ; une
,, loi de Religion qui les conſerve eſt
,, donc très-convenable à la police du
,, pays.

Pytagore qu'on regarde comme le
premier Auteur du ſentiment de la
Métempſycoſe, ne penſoit peut-être
guère à tout cela, lorſqu'il a mis au
jour ſon opinion ; de même que Moyſe ne ſongeoit guère non plus à la
ſanté de ſes freres lorſqu'il leur dé-
fendit de manger du cochon. Cependant comme la chair de cet animal ſe
tranſpire peu, & que même elle empêche beaucoup la tranſpiration des
autres alimens ; comme le défaut
de tranſpiration forme d'ailleurs ou
aigrit les maladies de la peau ; M. de
M. trouve que c'eſt pour cela que
cette nourriture devoit être défendue

dans la Paleſtine, où l'on eſt fort ſujet à ces ſortes de maladies ; c'eſt pour cela que chez les Juifs le cochon étoit un animal immonde.

Je reprens le Livre de l'Eſprit des Loix, voici encore ce que j'y trouve.

,, Il n'eſt preſque pas poſſible que le ,, Chriſtianiſme s'établiſſe jamais à la ,, Chine. Les vœux de virginité, les ,, aſſemblées des femmes dans les ,, Egliſes, leurs communications né- ,, ceſſaires avec les Miniſtres de la ,, Religion, leur participation aux ,, Sacremens, la Confeſſion auricu- ,, laire, l'Extrême-onction, le mariage ,, d'une ſeule femme, tout cela ren- ,, verſe les mœurs & les manieres du ,, pays ; & frappe encore du même ,, coup ſur la Religion & ſur les loix. ,, La Religion Chrétienne par l'éta- ,, bliſſement de la charité, par un ,, culte public, par la participation ,, aux mêmes ſacremens, ſemble de- ,, mander que tout s'uniſſe ; les Rites ,, des Chinois ſemblent ordonner que ,, tout ſe ſépare.

La principale raiſon qui empêche

le Chriſtianiſme de faire de grands
progrès à la Chine, c'eſt que ces peuples ſe regardent comme ſupérieurs
à tous les autres. Ils ne ſçauroient
croire qu'il y ait ſur la terre des nations plus ſages, plus anciennes &
plus éclairées qu'eux. Dans cette per-
ſuaſion ils font très-peu de cas de
tout ce que nos Miſſionnaires leur
racontent de notre Religion. On leur
dit, par exemple, qu'il n'y a que ſix
mille ans que Dieu a créé l'univers;
& l'Hiſtoire de leur Empire remonte
dix fois plus haut. Ils citent les noms,
ils rapportent les actions des Princes
qui les gouvernoient long-tems avant
l'époque de la création. Ajouterions-
nous beaucoup de foi à des écrits qui
ne feroient ſortir le monde du néant
que pluſieurs années après le baptême
de Clovis ? Il eſt vrai que leurs hiſ-
toires ſont fauſſes, & qu'ils ſont dans
l'erreur; mais ils ſont auſſi attachés à
cette erreur, que nous le ſommes
nous-mêmes à la vérité de nos An-
nales.

Je finis ce premier article par deux

propositions que je tire de ce Livre ; elles n'ont pas un rapport bien direct avec le climat , mais elles renferment des contradictions qu'il ne m'est pas possible de dissimuler.

1°. ,, La Religion Chrétienne , dit l'Auteur , veut que chaque peuple ait ,, les meilleurs Loix politiques & les ,, meilleures Loix civiles.

2°. ,, Lorsque l'Etat est satisfait ,, d'une Religion déja établie , ce sera ,, une très-bonne Loi civile de ne point ,, y souffrir l'établissement d'une autre.

De ces deux propositions je forme un raisonnement tout simple. Le voici. La Religion Chrétienne veut que chaque peuple ait les meilleures Loix civiles : or est-il, que c'est, selon l'Auteur , une très-bonne Loi civile de ne pas souffrir à Constantinople , par exemple, d'autre Religion que celle de Mahomet , puisque l'Etat en est satisfait : donc pour obéir à la Religion Chrétienne, il faut être Mahométan à Constantinople. Il n'y a point là-dedans de Théologie , c'est de la Logique toute pure. Si cette conséquence eſt ridicule , & que le Syllogiſme cependant ſoit en forme , il faut néceſſairement que le vice ſe trouve dans l'une des prémices ; & ces prémices , comme on vient de le voir , je les ai tirés de l'Eſprit des Loix.

Rapprochons préſentement de cette conſéquence une autre propoſition que je trouve encore dans cet Ouvrage , & nous y découvrirons auſſi une autre contradiction.

„ Sur le caractere de la Religion „ Chrétienne & celui de la Mahomé„ tane , l'on doit , *ſans autre examen* , „ embraſſer l'une & rejetter l'autre.

Voilà donc qu'on veut actuellement que l'on rejette la Religion Mahométane , & il n'y a qu'un moment qu'on nous diſoit qu'il étoit très-bon de la conſerver. Mais ce n'eſt pas encore là ſans doute , le dernier mot de l'Auteur ; ſuivons-le , & je ſuis perſuadé qu'il ſe raviſera. Juſtement ; car voici qu'il change déja de ſentiment. „Quand „ on eſt maître de recevoir dans un „ Etat une nouvelle Religion , ou de „ ne la pas recevoir , il ne faut pas

„ l'y établir ". On ne doit donc plus par conséquent, sur le caractere de la Religion Chrétienne l'embrasser *sans autre examen*, puisqu'il y a des occasions, où, malgré son caractere, il ne faut pas la recevoir, si on en est le maître.

Comment l'Auteur peut-il varier ainsi à chaque pas ? & quel fond peut-on faire sur une marche aussi incertaine ? Dans un Ouvrage Philosophique & qu'on donne pour tel, la raison doit toujours parler le langage qui lui est propre, & ne pas emprunter celui d'une imagination qui s'égare. Un Livre qui a coûté vingt années de travail peut bien quelquefois manquer de génie ; mais jamais d'exactitude. On remarque cependant ici tout le contraire ; le génie s'y fait appercevoir à chaque page ; on y reconnoît un homme qui pense ; ce qui est fort rare actuellement ; mais qui ne pense pas toujours juste ; qui ne raisonne pas toujours conséquemment à ses principes, & dont les principes quelquefois sont très-contraires aux idées les plus vraies & les plus communes. Une chose qui m'a toujours fort étonné, c'eſt de voir des gens d'eſprit, des hommes profonds, des génies mê-mes, qui raiſonnent mal. On pour-roit pardonner abſolument à un Poëte d'être peu exact ; mais jamais à un Philoſophe de manquer de Logique. Il y a moins de honte d'avoir fait une mauvaiſe Tragédie, un mauvais Diſ-cours, une mauvaiſe Hiſtoire, que d'avoir fait un mauvais Raiſonnement ſurtout dans ces ſortes d'Ouvrages où la raiſon doit toujours préſider.

L'Auteur a beau nous dire dans ſa Préface qu'il n'a point tiré ſes prin-cipes de ſes préjugés ; mais de la na-ture des choſes. Pour moi, je crois avoir aſſez prouvé, qu'il n'eſt point de la nature de la Religion Chré-tienne, par exemple, d'être incom-patible avec le climat aſiatique ; ce n'eſt donc point de ſa nature que l'Auteur a tiré ce qu'il a avancé à ce ſujet.

Il ajoute que bien des vérités ne ſe feront ſentir dans ſon Ouvrage, qu'a-près qu'on aura vû la chaîne qui les lie à d'autres. J'avoue que j'ai été aſſez malheureux

malheureux, pour ne point voir cette chaîne. Je n'ai apperçu qu'une infinité de petits anneaux, dont les uns font d'or à la vérité, les autres de diamans & de pierres les plus rares & les plus précieufes; mais enfin, ce ne font que des anneaux qui ne forment point de chaîne.

Quelqu'un a appellé le Livre de l'Efprit des Loix, *le porte-feuille d'un homf-me d'efprit.* Je ne crois pas qu'en fi peu de mots on puiffe mieux définir cet Ouvrage. On fent, en effet, qu'il n'y a qu'un homme d'efprit, qui ait pû produire les chofes admirables qu'il contient; mais ce n'eft qu'un porte-feuille, c'eft-à-dire, un amas de piéces découfues, un tas de morceaux détachés; enfin, une infinité d'excellens matériaux, dont on pourroit faire un très-bon Livre. Il n'y auroit pour cela, qu'à lier un peu plus les parties les unes aux autres; qu'à réunir fous le même point de vûë celles qui traitent du même fujet; qu'à retrancher ce qu'il y a de fuperflu, qu'à éclaircir les endroits obfcurs; qu'à corriger quelques citations; qu'à parler d'une ma-

C

niere qui ſoit un peu plus à la portée du commun des Lecteurs ; & ſur-tout qu'à éviter des contradictions qui peuvent bien ſe trouver dans un porte-feuille, mais que l'on ne doit point rencontrer dans un Livre.

ARTICLE II.

LA MORALE,

Conſiderée par rapport au climat & au Gouvernement.

POUR procéder toujours avec ordre à l'examen de cet Ouvrage, on ſuivra ici la méthode qu'on a déja obſervée au commencement de cet extrait. On n'a conſidéré la Religion que par rapport au Climat & au Gouvernement ; C'eſt auſſi ſous ces deux points de vûë ſeuls qu'on va réunir ce qui regarde la Morale.

La vertu, ſelon M. de M., n'eſt pas une choſe néceſſaire dans tous les Gouvernemens, ni dans tous les Pays. Il eſt vrai qu'il faut en avoir dans une République, mais dans une Monarchie on n'en a que faire ; & elle ſeroit dangereuſe dans le Gouvernement deſpotique. Ainſi ce qui, à la Haye, peut faire un bon Citoyen, n'en feroit qu'un fort mauvais

à Paris, un plus mauvais encore à
Conſtantinople.

» Il ne faut pas beaucoup de pro-
» bité, dit-on, pour qu'un Gouverne-
» ment monarchique, ou un Gouver-
» nement deſpotique, ſe maintien-
» nent ou ſe ſoutiennent. La force des
» Loix dans l'un, le bras du Prince
» toujours levé dans l'autre, réglent
» ou contiennent tout. Mais dans un
» Etat populaire, il faut un reſſort de
» plus, qui eſt la vertu.

» Dans les Monarchies, la politi-
» que fait faire les plus grandes cho-
» ſes avec le moins de vertu qu'elle
» peut, l'Etat ſubſiſte indépendam-
» ment de l'amour pour la Patrie,
» du déſir de la vraie gloire, du re-
» noncement à ſoi-même, du ſacri-
» fice de ſes plus chers intérêts, & de
» toutes les vertus héroiques que
» nous trouvons dans les anciens.
» Les Loix y tiennent la place de
» toutes ces *vertus, dont on n'a au-*
» *cun beſoin ;* l'Etat vous en diſpenſe.

» Dans les Monarchies bien ré-
» glées, tout le monde ſera à peu
» près bon Citoyen ; & on trouvera

» rarement quelqu'un qui ʃoit hom-
» me de bien ; car pour être homme
» de bien , il faut avoir intention de
» l'être.

» Je ʃçais très-bien qu'il n'eʃt pas
» rare qu'il y ait des Princes vertueux ;
» mais je dis que dans une Monarchie ,
» il eʃt très-difficile que le Peuple le
» ʃoit.

» Pourquoi dans le Gouvernement
» deʃpotique , l'éducation s'attache-
» roit-elle à former un bon Citoyen ,
» qui prit part au malheur public ?
» S'il aimoit l'Etat , il feroit tenté de
» relâcher les reʃʃorts du Gouverne-
» ment ; s'il ne réuʃʃiʃʃoit pas , il ʃe
» perdroit ; s'il réuʃʃiʃʃoit , il courroit
» riʃque de ʃe perdre lui , le Prince
» & l'Empire.

Tout ceci , comme on voit , tient
beaucoup du paradoxe ; & pour peu
qu'on veuille ʃe donner la peine de
réfléchir , on ʃentira bien-tôt la fauʃ-
ʃeté de toutes ces propoʃitions. Mais
pour éviter moi-même , dans l'examen que j'en ferai , la confuʃion qui
régne dans cet Ouvrage , voyons
d'abord ce que l'Auteur entend par

le mot de *vertu* : je ferai remarquer
enfuite les contradictions où il tombe par rapport à la fignification qu'il
lui donne.

» Je parle ici, dit-il, dans une
» note, je parle de la vertu politi-
» que qui eft la vertu morale, dans
» le fens qu'elle fe dirige au bien
» général ; fort peu des vertus mo-
» rales particulieres, & point du tout
» de cette vertu qui a du rapport aux
» vérités révélées.

» On peut définir cette vertu, dit-
» il ailleurs, l'amour des Loix & de
» la Patrie.

» La vertu dans une République eft
» une chofe très-fimple ; c'eft l'amour
» de la République.

Par le mot de *vertu*, l'Auteur, comme on voit, n'entend ici, ni ni la probité, ni la juftice, ni la bonne foi, ni
toutes les qualités qui font l'honnête
homme, l'homme vertueux, l'homme de bien. Il ne parle uniquement
que de l'amour de la Patrie & de l'E-
tat ; & il prétend que la vertu, prife
dans ce fens-là, eft inutile dans le
Gouvernement monarchique, dange-

reuſe dans le deſpotique, néceſſaire dans le Républicain. C'eſt de ce principe qu'il tire enſuite toutes les conſéquences qui forment plus de la moitié de ſon premier volume. Or je ſoutiens moi que ce principe eſt faux & que la vertu, dans le ſens qu'on lui donne ici, eſt auſſi néceſſaire dans les deux premiers Gouvernemens que dans le troiſiéme. Car enfin ſi *la vertu, dans une République eſt l'amour de la République*, la vertu, dans une Monarchie, eſt donc auſſi l'amour de la Monarchie; la vertu, dans le Gouvernement deſpotique, eſt donc auſſi l'amour du deſpotiſme; or je prétens que l'amour du deſpotiſme & de la Monarchie eſt auſſi néceſſaire, pour que ces deux Gouvernemens ſe ſoutiennent, qu'il eſt néceſſaire d'aimer la République, pour que la République ſubſiſte. En effet, ſuppoſons pour un inſtant, que dans un Royaume tous les Sujets manquent de *vertu*; c'eſt-à-dire, qu'aucun d'eux n'ait dans le cœur *l'amour de la Monarchie*: qu'arriveroit-il alors? Ce qui arriva chez les Romains lorſqu'ils ne voulurent plus obéir à des Rois ; ce qui arriva en Hollande lorsque ces Peuples se lasserent d'être gouvernés par un Monarque ; c'est-à-dire que l'Etat changeroit de face, le Gouvernement prendroit une nouvelle forme, la Monarchie périroit. Car » le Gouverne- » ment est comme toutes les choses » du monde, dit l'Auteur lui-même ; » pour le conserver, il faut l'aimer. » Qu'on détruise donc parmi les Turcs l'amour du despotisme ; & bien-tôt l'Empire Ottoman ne formera plus qu'une Monarchie, ou se changera en République. Tant il est vrai que la *vertu* n'est pas moins nécessaire chez eux que parmi les Républicains, & qu'elle est également le principe de leur Gouvernement & du gouvernement Monarchique.

L'Auteur n'a donc pas eû raison de dire, comme il a fait » qu'il ne » faut pas beaucoup de vertu pour que » ces deux Gouvernemens se sou- » tiennent ; qu'ils subsistent l'un & » l'autre indépendamment de la ver- » tu, qu'on n'y en a aucun besoin, » que l'Etat en dispense ; qu'il est

» très-rare que le Peuple y soit ver-
» tueux ; & qu'enfin la politique y
» fait faire les plus grandes choses
» avec le moins de vertu qu'elle
» peut », il est étonnant qu'il n'ait
point vû la fausseté de toutes ces propositions ; elle saute aux yeux ; & il
n'y a point de Lecteur, pour peu qu'il
soit intelligent, qui ne l'apperçoive
du premier coup d'œil. Il ne faut
faire pour cela qu'un raisonnement
des plus simples : car si la vertu est
l'amour de l'Etat, & si l'Etat ne peut
subsister sans cet amour, comment
peut-on dire que *l'Etat n'en a aucun
besoin, qu'il en dispense ?* C'est-là une
de ces contradictions si palpables,
qu'on est surpris de la trouver dans
un Ouvrage qui porte partout l'em-
preinte du génie le plus sublime.

Mais ce qui surprend encore beaucoup, c'est de voir combien l'Auteur
de l'Esprit des Loix s'accorde peu
avec lui-même, dans la signification
qu'il donne au mot de *vertu.* On vient
de voir que par-là il n'entend que l'a-
mour du Gouvernement ; voilà l'u-
nique sens dans lequel il veut qu'on

le prenne, il rejette toute autre fignification, il déclare expreffément dans une note, qu'il n'admet que celle-là ; & en même tems & dans le même endroit, il le prend lui-même dans un fens tout différent. En effet, ce qui fait l'honnête homme, l'homme vertueux, l'homme de bien ; ce dont la privation fait les malhonnêtes gens, les fourbes, les trompeurs, ce n'eft certainement pas l'amour du Gouvernement, fur tout dans cette efpéce de Gouvernement, où cet amour eft inutile, où il eft même dangereux ; or eft-il que par vertu, l'Auteur entend ce qui fait l'honnête homme, l'homme de bien, l'homme vertueux ; ce dont la privation fait les malhonnêtes gens, les fourbes, les trompeurs : donc par vertu, il entend autre chofe que l'amour du Gouvernement.

Je dis que par vertu, il entend ce dont la privation fait les malhonnêtes gens ; ce qui le prouve, c'eft qu'après qu'il a fait un portrait affreux des Courtifans, il ajoute : » Or » il eft très-malaifé, que les princi-

» paux d'un Etat foient malhonnêtes
» gens, & que les inférieurs foient
» gens de bien ; que ceux-là foient
» trompeurs, & que ceux-ci confen-
» tent à n'être que dupes. Tant il eft
» vrai, que la *vertu* n'eft pas le reffort
» du Gouvernement Monarchique. »

Voilà donc l'Auteur de l'Efprit des
Loix qui déclare que par le mot de
vertu il entend uniquement l'amour de
l'Etat, & qui en même-tems & dans
le même endroit lui donne une fignification toute différente ; le voilà
donc, par conféquent encore une fois
en contradiction avec lui-même.

De la vertu en général, ou fi l'on
veut, de l'amour de la Patrie, puifque c'eft-là le fens qu'il plaît quelquefois à l'Auteur de donner au mot
de *vertu* à l'exclufion de tout autre,
il paffe aux vertus particulieres, telles
que font, par exemple, la franchife,
la politeffe &c. vertus qui, felon lui,
» *Ne font jamais fi pures dans les Mo-*
« *narchies, que dans les Gouvernemens*
« *Républicains.*

Dans un Etat Monarchique. » On
» veut, dit-il, de la vérité dans le

» difcours. *Mais eft-ce par amour pour*
» *elle ? Point du tout.* On la veut, parce
» qu'un homme qui eft accoutumée à
» la dire *paroît être hardi & libre.* C'eft
» ce qui fait qu'autant qu'on y re-
» commande cette efpéce de fran-
» chife, autant on y méprife *celle du*
» *Peuple, qui n'a que la verité & la*
» *fimplicité pour objet.*

   » L'éducation dans les Monarchies,
» exige dans les manieres une cer-
» taine politeffe. Les hommes nés
» pour vivre enfemble, font nés auffi
» pour fe plaire ; & celui qui n'ob-
» ferveroit pas les bienféances, cho-
» quant tous ceux avec qui il vivroit,
» fe décréditeroit au point, qu'il de-
» viendroit incapable de faire aucun
» bien. Mais ce n'eft pas d'une fource
» fi pure, que la politeffe a coutume
» de tirer fon origine ; elle naît de
» l'envie de fe diftinguer. *C'eft par*
» *orgueil que nous fommes polis.* Nous
» nous fentons flattés d'avoir des ma-
» nieres qui prouvent que nous ne
» fommes pas dans la baffeffe, &
» que nous n'avons pas vécu avec
» cette forte de gens que l'on a aban-

„ donnés dans tous les âges.

Il eſt bien vrai que l'homme ſe recherche toujours un peu lui-même dans la pratique de la vertu. Si c'eſt-là, ce que l'Auteur a voulû dire, je conviens qu'il a raiſon; mais c'eſt un défaut de l'humanité, & non pas des Monarchies. Les Citoyens d'une République n'ont - ils pas auſſi cela de commun avec tous les autres Peuples de l'Univers ? Il ſuffit d'être homme pour avoir de l'amour propre, & pour aimer ſingulierement tout ce qui peut tourner à nôtre avantage & à nôtre gloire. Je ne vois donc pas pourquoi l'on veut que ce défaut ſoit ſingulierement affecté au gouvernement Monarchique, & cela uniquement à raiſon de la forme de ce Gouvernement. Quoi ? parce que je vis dans une Monarchie, je ne dirai la vérité que pour *paroître libre*, tandis que dans une République, qui eſt un état plus libre, & où parconſéquent, on doit être plus jaloux de faire paroître ſa liberté, on ne dira la vérité que *par amour pour elle* ? Pour moi à ne conſiderer que

la nature du Gouvernement, je tire-
rois une conséquence bien différente ;
& voici comment je raisonnerois :
s'il est un état, où, à raison de la forme
du Gouvernement, on ne dit la vérité que *pour paroître libre*, il est certain que c'est principalement celui
où l'on est le plus jaloux de sa liberté ;
celui dont la liberté fait, pour ainsi
dire le caractére distinctif ; telles
font les Républiques plutôt que les
Monarchies : C'est donc dans les Républiques, plutôt que dans les Monarchies, qu'on ne dit la vérité que
pour paroître libre ; c'est donc dans les
Républiques plutôt que dans les Monarchies, que la franchise n'a pour
principe qu'une vaine ostentation d'indépendance ; & par une conséquence
directement opposée au sentiment de
l'Auteur, quoique tirée de ses principes, cette vertu, à ne considérer
encore une fois que la nature du
Gouvernement, cette vertu, dis je ,
n'est *jamais si pure dans les Gouvernemens Républicains, que dans les Monarchiques.*

On peut dire la même chose de la

politeſſe. On prétend que dans les Monarchies on n'eſt poli que *par orgueil & par envie de ſe diſtinguer*, & l'on donne à cette vertu un motif plus noble & plus relevé dans les Républiques. Et moi je ſoutiens tout le contraire ; & je dis que ſi l'on ne veut faire attention qu'au caractere de ces deux Gouvernemens, on trouvera que c'eſt dans le Républicain plutôt que dans le Monarchique, que l'orgueil & l'envie de ſe diſtinguer ſont le vrai principe de la politeſſe. Voici quel eſt encore mon raiſonnement. Dans les Monarchies, on a mille moyens de ſe diſtinguer du reſte des Citoyens : il y a des rangs, des dignités, des honneurs qui conſtituent les différens Ordres de l'Etat, & qui mettent de la diſtinction parmi preſque tous les Sujets : au lieu que dans les Républiques, & ſurtout dans les Démocraties, il régne une égalité ſi parfaite, qu'un Citoyen ne peut pas s'élever au-deſſus d'un autre par ſon état ni par ſon rang. Cependant il veut ſe diſtinguer ; car enfin il ne faut pas croire que parce qu'on vit dans

une République, on soit entierement
dépouillé des foiblesses de l'humanité,
& qu'un Républicain soit exempt d'amour propre. Ne pouvant donc se
mettre au-dessus des autres par son
état, il est naturel qu'il tâche du
moins de se faire remarquer par des
manieres douces, affables, prévenantes, en un mot par sa politesse.

De plus, c'est la naissance, la faveur du Prince, des services rendus
à l'Etat, qui, dans une Monarchie,
élévent un Sujet aux honneurs & aux
dignités : dans une République au contraire, s'il y a quelques places de
distinction, on n'y parvient que par
le suffrage du Peuple. Il faut donc le
gagner ce Peuple, pour obtenir son
suffrage ; & comment le gagne t-on ?
Sinon par des manieres douces, affables, prévenantes ; en un mot par la
politesse.

La politesse est donc le plus sûr,
& peut-être même l'unique moyen
de se distinguer dans les Républiques : c'est donc dans les Républiques
aussi, plutôt que dans les Monarchies, que l'envie de se distinguer est

le principe de la politeſſe ; c'eſt donc dans les Républiques plutôt que dans les Monarchies, qu'*on n'eſt poli que par orgueil ;* & par une conſéquence toujours oppoſée au ſentiment de l'Auteur, *cette vertu,* en ſuppoſant auſſi toujours qu'on ne veut faire attention qu'à la nature du Gouvernement, *cette vertu ne tire pas ſon origine d'une ſource moins pure dans les Monarchies que dans les Républiques.*

Mais ſoyons de bonne foi, & convenons que la forme du Gouvernement n'influe en rien dans les motifs qui animent la plûpart de nos vertus. Il eſt vrai qu'il y a des gens qui diſent la vérité par amour pour elle-même ; que d'autres ſont polis dans la vûe de ſe rendre par-là plus utiles à la ſociété ; mais c'eſt le petit nombre dans l'un & dans l'autre Gouvernement. Partout la franchiſe eſt l'effet d'un heureux naturel, la politeſſe eſt le fruit d'une bonne éducation ; mais dans tous les Gouvernemens du monde, les hommes ne ſont francs & polis qu'autant qu'ils y trouvent leur intérêt particulier, & que ces deux vertus peuvent tourner à leur avantage. Car tel est l'homme ; il se recherche toujours lui-même, dans les Républiques tout comme dans les Monarchies. Voilà ce qu'on peut dire de plus vrai ; tout le reste n'est que paradoxe, & ne se trouve point du tout à sa place dans un ouvrage aussi grave que celui-ci. Quand Ciceron pour s'égayer & pour exercer son esprit a voulu donner une apparence de vérité à quelques propositions singuliéres & paradoxales, il l'a fait dans un petit écrit séparé ; mais il n'a pas choisi pour cela son Traité *des Loix*. Chaque chose doit être dans son lieu ; & il y a telles propositions que l'on voit ici avec peine, & qui peut-être auroient été lûes dans les Lettres Persannes avec plaisir.

Avant d'aller plus loin, il est à propos de faire encore remarquer en passant une petite contradiction qui se trouve dans les paroles que j'ai rapportées un peu plus haut. On prétend, comme nous l'avons vû, qu'on n'aime la vérité dans les Monarchies, que *pour paroître libre ;* & on ajoute cepen-

dant en même tems, que la franchiſe
du Peuple, c'eſt-à-dire, par conſéquent, de plus des trois quarts & demi
de la Monarchie, *n'a que la vérite &*
la ſimplicité pour objet. Mais ſi le Peuple ne dit la vérité que par amour pour
elle ; il s'enſuit donc, toujours dans les
principes de l'Auteur, car je ne m'en
écarte jamais ; il s'enſuit, dis-je, que
le reſte de l'Etat en fait de même.
Pourquoi cela ? On va nous le dire,
ou plutôt on nous l'a déja dit. C'eſt
qu'*il eſt malaiſé que les principaux d'un*
Etat ſoient malhonnêtes gens, & que les
inferieurs ſoient gens de bien ; que ceux-
là ſoient trompeurs, & que ceux-ci con-
ſentent à n'être que dupes. Si donc on
peut conclure de la vertu des premiers
d'une Monarchie par celle du Peuple,
& s'il eſt vrai que le Peuple ne dit la
vérité que par amour pour elle-même, il s'enſuit par conſéquent, que la
franchiſe des principaux d'une Monarchie n'a, comme celle du Peuple,
que la vérité & la ſimplicité pour objet ; que dans les Monarchies, on ne
dit pas la vérité uniquement, pour paroître libre, & conſéquemment, que

l'Auteur de l'Efprit des Loix eft encore ici en contradiction avec lui-même. Pour avoir voulu donner un peu
trop à la politique , il ne s'eft point
affez appliqué, à être bon Dialectitien.
Il faut qu'un Philofophe commence
d'abord par avoir de la Logique.
C'eft - là le fondement & la baze
de toutes les Sciences. La Politique la
plus rafinée, fi elle n'eft appuyée fur
de bons raifonnemens, eft un bâtiment
qui s'écroule. Il eft vrai que la plûpart des Lecteurs n'y regardent pas de
fi près ; éblouis par l'éclat de quelques ornemens qui fe trouvent dans
les débris de l'édifice, c'eft-là uniquement que fe porte leur attention ;
ils ont la vûe trop foible , pour envifa-
ger à la fois tout le corps de l'Ouvrage ;
ils n'en confiderent que les parties
les plus brillantes ; & ces beautés de
détails abforbent tellement toutes les
lumiéres de leur efprit, qu'il ne leur
en refte plus pour s'appercevoir des
imperfections & du peu de folidité
de l'enfemble.

Mais je tomberois moi-même dans
un défaut plus grand que celui que

je reproche aux autres, fi je ne fai-
fois remarquer que les endroits défectueux de cet Ouvrage, & fi ma
vue ne fe portoit pas auffi de tems
en tems fur quelques-uns des morceaux brillans qui ont fait, j'ofe le
dire, toute la vogue de ce Livre. Ils
font en fi grand nombre, que le choix
en feroit difficile ; je me contenterai
donc d'en rapporter ici deux ou trois
que je prendrai au hazard. Voici, par
exemple, qui me paroît fort bien dit,
& qui felon moi, eft tout neuf, quoique dans le vrai.

» L'amour de la Patrie conduit à la
» bonté des mœurs, & la bonté des
» mœurs à l'amour de la Patrie.
» Moins nous pouvons fatisfaire nos
» paffions particulieres, plus nous
» nous livrons aux générales. Pour-
» quoi les Moines aiment-ils tant leur
» Ordre ? C'eft juftement par l'endroit
» qui fait qu'il leur eft infupportable ;
» leur Régle les prive de toutes les
» chofes fur lefquelles les paffions or-
» dinaires s'appuyent : refte donc cette
» paffion pour la Régle même qui les
» afflige. Plus elle eft auftére, c'eft-à-

» dire, plus elle retranche de leurs
» penchans, plus elle donne de force
» à ceux qu'elle leur laisse.

Ce qui suit caractérise assez bien
deux Peuples tout à la fois : la jalousie
des uns, & l'indiscrétion des autres.

» Les François ont été chassés neuf
» fois de l'Italie, à cause, disent les
» Historiens, de leur insolence à l'é-
» gard des femmes & des filles. C'est
» trop pour une Nation d'avoir à souf-
» frir la fierté du vainqueur, & en-
» core son incontinence, & encore
» son indiscrétion sans doute plus fâ-
» cheuse, parce qu'elle multiplie à
» l'infini les outrages.

Les femmes en Asie & dans tous les
pays extrémement chauds sont retenues par leurs maris dans une espéce
de servitude domestique, & voici la
raison que l'Auteur en apporte. Elle
est fort ingénieuse. Dans ces pays-là,
» les femmes sont nubiles à huit,
» neuf & dix ans ; ainsi l'enfance &
» le mariage y vont presque toujours
» ensemble. Elles sont vieilles à vingt :
» la raison ne se trouve donc jamais
» avec la beauté. Quand la beauté de-

„ mande l'empire, la raison le fait re-
„ fuser ; quand la raison pourroit l'ob-
„ tenir, la beauté n'eſt plus. Les fem-
„ mes doivent donc être dans la dé-
„ pendance ; car la raiſon ne peut
„ leur procurer dans leur vieilleſſe un
„ empire, que la beauté ne leur avoit
„ pas donné dans la jeuneſſe même. „

Juſqu'ici l'Auteur a très-bien dit ;
mais il tire enſuite delà une conſéquence qui me paroît fort ſinguliere.
„ Il eſt donc très-ſimple, conclut-il,
„ qu'un homme, lorſque la Religion
„ ne s'y oppoſe pas, *quitte ſa femme*
„ pour en prendre une autre, & que la
„ polygamie s'introduiſe. „ Il eſt ſans
doute très-ſimple, de quitter une femme laide pour en prendre une jolie ;
mais cela ne vient point de la chaleur
du climat ; c'eſt l'effet d'un penchant
qui eſt naturel chez tous les hommes
de quelque pays qu'ils ſoient. Si on
avoit dit ſeulement que dans les pays
chauds on eſt plus porté à l'incontinence que dans les climats froids ou
tempérés ; & que delà on eût inféré
qu'une Religion qui permet d'avoir
pluſieurs femmes, devoit s'y établir

plus aifé ment que partout ailleurs, ce raifonnement eût paru jufte. Mais de prétendre que la polygamie s'y eft introduite, parce que les femmes n'y font jamais belles & raifonnables tout à la fois ; en vérité ce n'eft point conclure felon les régles de la bonne Logique, furtout lorfqu'on ajoute, qu'on *quitte fa femme* pour en époufer une autre. Si en prenant une nouvelle époufe, on confervoit l'ancienne, cela feroit tout différent, & le raifonnement prouveroit à merveille, voici comment : dans les pays chauds, jamais la raifon & la beauté ne fe trouvent raffemblées dans la même perfonne ; il eft naturel cependant, que les hommes également touchés de l'une & de l'autre, tâchent de les réunir dans leur maifon ; il faut donc pour cela qu'ils époufent plufieurs femmes, & qu'en prenant les belles, ils confervent les raifonnables. Voilà la Polygamie. Mais l'on nous dit expreffément qu'on *quitte fa femme* pour en prendre une autre. Ce n'eft donc plus polygamie, c'eft divorce, ou fi l'on veut, répudiation.

Puifque nous fommes fur l'article des femmes, voyons fi c'eft avec rai-fon qu'on a accufé l'Auteur de l'Efprit des Loix d'avoir un peu maltraité le beau fexe ; on en jugera par les traits que je vais citer.

» Les femmes ont peu de retenue
» dans les Monarchies, parce que la
» diftinction des rangs les appellant
» à la Cour, elles y vont prendre cet
» efprit de liberté, qui eft le feul
» qu'on y tolere. Chacun fe fert de
» leurs agrémens & de leurs paffions
» pour avancer fa fortune ; & comme
» leur foibleffe ne leur permet pas
» l'orgueil, mais la vanité, le luxe y
» régne toujours avec elles.

Voilà les femmes dans les Monar-chies ; elles valent infiniment mieux dans les Républiques, il n'y a pas de comparaifon. Elles y » font libres par » les loix, & captivées par les mœurs ; » le luxe en eft banni, & avec lui la » corruption & les vices. » C'eft fans doute de ces femmes-là que l'Auteur veut parler, quand il dit : » Il eft heu-» reux de vivre dans ces climats qui » permettent qu'on fe communique ;

» où le fexe qui a le plus d'agrémens
» femble parer la fociété, & où les
» femmes fe réfervant aux plaifirs d'un
» feul, fervent encore à l'amufement
» de tous.

Mais quittons pour un moment ces heureux climats ; allons dans les pays chauds, & nous verrons toute autre chofe. » Il y a de tels climats où le » phyfique a une telle force, que *la* » *morale n'y peut prefque rien.* Laiffez » un homme avec une femme, les » tentations feront des chutes, l'at- » taque fûre, la réfiftance nulle. Dans » ces pays, au lieu de préceptes, il » faut des verroux.

Au refte, ajoute-t-on, » ce n'eft » pas feulement la pluralité des fem- » mes qui exige leur clôture dans cer- » tains lieux d'Orient, c'eft le climat. » Ceux qui liront les horreurs, les » crimes, les perfidies, les noirceurs, » les poifons, les affaffinats que la li- » berté des femmes fait faire à Goa, » & dans les Etabliffemens des Portu- » gais dans les Indes où la Religion » ne permet qu'une femme, & qui » les compareront à l'innocence & à

» la pureté des mœurs des femmes de
» Turquie, de Perſe, du Mogol, de
» la Chine & du Japon, verront qu'il
» eſt ſouvent auſſi néceſſaire de les
» ſéparer des hommes lorſqu'on n'en
» a qu'une, que quand on en a plu-
» ſieurs.

» C'eſt donc le climat qui doit dé-
» cider des choſes, conclut l'Auteur.
» Que ſerviroit d'enfermer les fem-
» mes dans nos pays du nord, où leurs
» mœurs ſont naturellement bonnes ;
» où toutes leurs paſſions ſont calmes,
» peu actives, peu rafinées ; où l'a-
» mour a ſur le cœur un empire ſi ré-
» glé, que la moindre police ſuffit
» pour les conduire.

Ainſi ce n'eſt guére que le plus ou
le moins de chaleur qui rend les femmes en général plus ou moins vertueu-
ſes, & *la morale n'y peut preſque rien.*
De ſorte qu'il en eſt des femmes,
dans ce ſentiment, à peu près, comme
du lait qui reſte tranquille dans le
vaſe, ou qui en ſort avec impétuoſi-
té, ſelon qu'il eſt ou plus près ou plus
loin du feu ; ou bien, ſi l'on veut, on
pourra les comparer à ces liqueurs ſpi-

ritueufes, que le chaud ou le froid fait monter ou defcendre dans le Thermométre. Quand l'air eft froid ou tempéré, la liqueur ne fait aucun effort pour s'échapper hors du tube ; mais à mefure que chaleur augmente, elle s'éléve infenfiblement, & on la verroit bien-tôt fe répandre avec précipitation, fi l'on n'avoit foin de tenir le tuyau bien fermé. Image parfaite de ce que font les femmes dans les différens climats. Celles du Nord ont les mœurs naturellement bonnes ; il eft donc inutile de les enfermer pour les ranger à leur devoir ; mais pour celles d'Orient, femblables à cette liqueur vagabonde que la chaleur met en mouvement, elles éprouvent en elles-mêmes une fermentation fi violente, qu'*au lieu de préceptes, dit l'Auteur, il leur faut des verroux.*

Je ne fçais s'il y a rien dans tout ceci de trop défavantageux pour le beau fexe : car fi d'un côté on diminue le mérite des femmes vertueufes, on peut dire certainement qu'on rend aufli les autres bien moins coupables. Car enfin, que peut-on reprocher à

une perſonne qui s'écarte des régles
de la morale dans des choſes où *la
morale ne peut preſque rien , où le climat décide de tout ?* C'eſt une laitue
que le trop de chaleur empêche de
pommer & fait monter en graines.
Eſt - ce la faute de la laitue ? Non ;
c'eſt tout au plus celle du Jardinier ,
qui n'a pas eû aſſez de ſoin de l'entretenir dans ſa fraîcheur.

Mais parmi les femmes , s'il y en
a qui ayent quelque raiſon de ſe
plaindre , ce ſont celles préciſément
dont on dit le plus de bien, nos femmes du Nord. Car , outre qu'on diminue beaucoup le mérite de leur
vertu , comme je l'ai déja dit , on leur
ôte encore toute excuſe dans le vice.
En effet , comment juſtifier une conduite irréguliére dans les pays froids ?
Les fautes qu'on y fait y ſont perſon-
nelles , & on ne peut les attribuer
qu'à ſoi-même , puiſqu'on n'y manque
jamais de la grace du climat. Mais
que dis-je ? Il y a un certain tems dans
l'année , où , dans le Nord même , les
femmes manquent de cette grace , &
où, par conſéquent, elles peuvent faire

le mal impunément ; c'eſt le tems de l'Eté. A meſure que les chaleurs augmentent la grace du climat ſe retire, & la vertu des femmes doit diſparoître avec la glace. L'Hyver n'eſt donc pas pour elles le tems des plaiſirs, ils ſeroient accompagnés de trop de remords ; mais ſitôt que la belle ſaiſon ſe renouvelle, elles peuvent commencer à s'y livrer ſans ſcrupule ; elles n'ont plus la grace.

Malgré le vice que l'Auteur de l'ouvrage dont je rends compte, attribue à certaihs climats, il reconnoît cependant que la nature a gravé dans tous les cœurs, de quelque pays que l'on ſoit, un ſentiment que le climat ne ſçauroit effacer ; c'eſt la pudeur. » Toutes les Nations, dir-il, ſe font » également accordées à attacher du » mépris à l'incontinence des femmes; » c'eſt que la nature a parlé à toutes » les Nations. Elle a établi la dé- » fenſe, elle a établi l'attaque ; & » ayant mis des deux côtés des de- » ſirs, elle a placé dans l'un la témé- » rité, & dans l'autre la honte. Il » n'eſt donc pas vrai que l'inconti-

» nence fuive les loix de la nature,
» elle les viole au contraire ; c'eft la
» modeftie & la retenue qui fuivent
» ces loix.

Tout cela cependant n'eft pas fi général , qu'il ne puiffe quelque-fois fouffrir des exceptions. Il y a des pays où la nature a tout fait à rebours ; elle a placé la honte dans les hommes & la témérité dans les femmes ; celles-ci attaquent , ceux-là fe défendent. » A Patane , par exemple , la lubricité » des femmes eft fi grande , que les » hommes font contraints de fe faire » de certaines garnitures , pour fe » mettre à l'abri de leurs entreprifes. » C'eft-là que la nature a une force , » & la pudeur une foibleffe qu'on ne » peut comprendre. » Il faut donc convenir que dans ce pays-là au moins c'eft l'incontinence qui fuit les loix de la nature , & que c'eft la pudeur qui les viole ; car c'eft une loi conftante de la nature , que le plus fort l'emporte toujours fur le plus foible. J'avoue que cette conféquence n'eft point du tout conforme à la bonne morale , mais elle fuit immédiatement des principes qu'on a établis dans cet ouvrage. Car dans des climats où *le phyfique a une telle force que la morale n'y peut prefque rien,* il eft évident qu'en cédant au phy-fique, on ne fait qu'obéir à la nature & fuivre fes loix. Ainfi quand l'Auteur dit que c'eft la pudeur qui les fuit tou-jours, & la continence qui les viole, il penfe certainement comme tout le monde ; mais il ne raifonne pas con-féquemment à fes principes. C'eft une faute dans laquelle il tombe fou-vent, ainfi que je l'ai déja fait remar-quer plufieurs fois.

Le Livre de l'Efprit des Loix nous apprend » qu'on trouve des mœurs » plus pures dans les divers Etats » d'Orient, à proportion que la clô-» ture des femmes y eft plus exacte ; » que delà dérive, pour les femmes, » toute la pratique de la morale, la » pudeur, la chafteté, la retenue, » le filence, la paix, la dépendance, » le refpect, l'amour, &c. on ne peut » pas dire la même chofe, ajoute-t-il, » de certains pays des Indes, où la clô-» ture des femmes ne peut être auffi » exacte ; c'eft-là qu'on voit jufqu'à

» quel point les vices du climat, laif-
» fés dans une grande liberté, peu-
» vent porter le défordre.

Il feroit en vérité bien étonnant,
que des femmes qui font continuellement enfermées, qui ne voyent jamais d'hommes, qui ne connoiffent
que leurs maris, qui ne fe trouvent
jamais dans l'occafion de mal faire,
ne fuffent pas plus retenues, plus
chaftes, plus dépendantes, que celles
à qui on laiffe toute leur liberté. Il
n'eft pas néceffaire d'aller en Orient
pour voir de pareilles chofes ; fans
doute que dans nos Couvens de Re-
ligieufes on doit trouver plus de modeftie, de filence, de pudeur, de
chafteté, de dépendance, que parmi
ce qu'on appelle les femmes du monde. Si l'Auteur de cet Ouvrage n'avoit
jamais dit que des chofes de cette nature, on ne l'accuferoit fûrement pas
d'avoir donné dans le paradoxe.

Je vais finir l'article qui regarde les
femmes par une penfée qui tient beaucoup de l'Epigramme ; on y verra que
l'Auteur s'égaye quelquefois fur la
gravité de fa matiere.

» C'eft une conféquence de la poly-
» gamie, que dans les Nations volup-
» tueufes & riches, on ait un très-
» grand nombre de femmes. Leur fé-
» paration d'avec les hommes, & leur
» clôture fuivent naturellement de ce
» grand nombre. L'ordre domeftique
» le demande ainfi ; un débiteur infol-
» vable cherche à fe mettre à couvert
» des pourfuites de fes créanciers.

Je pafferois les bornes ordinaires
d'un extrait fi je voulois parler de
toutes les chofes qui ont rapport à la
morale, & que l'on fait dépendre ici
de la forme du Gouvernement ou de
la nature du climat. Je réduirai donc
à quatre articles feulement ce que j'ai
encore à dire là-deffus. Le luxe, le
courage, l'homicide de foi-même &
la bonne-foi.

C'eft le climat qui fait tout, qui
décide de tout dans cet Ouvrage.
C'eft lui qui introduit le luxe ou l'économie dans les Empires ; qui rend
les hommes lâches ou courageux ; qui
infpire la crainte ou le mépris de la
mort ; qui entretient la fourberie &
qui bannit la droiture.

D v

Le luxe dépend du climat, il dépend aussi du Gouvernement. Il y a des Etats & des pays où il est dangereux; il y en a d'autres où il est utile & nécessaire. Voici comment on peut raisonner dans les principes de l'Auteur.

La vertu est le ressort des Républiques; le luxe est contraire à la vertu : le luxe est donc dangereux dans les Républiques.

Un honneur faux est le principe des Monarchies; le luxe est une suite de cet honneur : le luxe est donc nécessaire dans les Monarchies.

Le principe d'un Etat despotique, c'est la crainte. » Lorsqu'un Esclave » est choisi par son Maître pour ty- » rannifer les autres Esclaves, incer- » tain pour le lendemain de la for- » tune de chaque jour, il n'a d'autre » félicité, que celle d'assouvir l'or- » gueil, les desirs & les voluptés de » chaque jour. » Le luxe est donc nécessaire dans les Etats despotiques.

Voici un autre raisonnement. L'égalité des biens fait l'excellence d'une République; il suit que moins il y a

de luxe dans une République , plus
elle est parfaite. Le luxe est donc
contraire à la perfection des Républiques ; par conséquent dangereux dans
cette espéce de gouvernement.

» A mesure que le luxe s'établit
» dans une République , dit-on en-
» core, l'esprit se tourne vers l'inté-
» rêt particulier. A des gens à qui il
» ne faut rien que le nécessaire, il ne
» reste à desirer que la gloire de la
» Patrie & la sienne propre.

Mais on peut dire la même chose
des Monarchies ; il est bien certain
que si tous les sujets se contentoient
du nécessaire, il ne leur resteroit plus
rien à desirer que la gloire du Prince,
la leur propre , & celle de l'Etat. Il
faut donc conclure aussi , par la même
raison , que le luxe est dangereux
dans un gouvernement Monarchique.
Ce n'est cependant pas là le sentiment
de l'Auteur , qui dit expressément ,
que les Républiques finissent par le
luxe, les Monarchies par la pauvreté ;
& voici comme il le prouve. » Com-
» me par la constitution des Monar-
» chies, les richesses y sont inégalemenc

» partagées, il faut bien qu'il y ait du
» luxe. Si les riches n'y dépenfent
» pas beaucoup, les pauvres mour-
» ront de faim. Il faut même que les
» riches y dépenfent à proportion de
» l'inégalité des fortunes, & que le
» luxe y augmente dans cette pro-
» portion. Les richeffes particuliéres
» n'ont augmenté, que parce qu'el-
» les ont ôté à une partie des Ci-
» toyens le néceffaire phyfique ; il
» faut donc qu'il leur foit rendu.
» Ainfi, pour que l'Etat Monarchique
» fe foutienne, le luxe doit aller en
» croiffant, du Laboureur à l'Artifan,
» au Négociant, aux Nobles, aux
» Magiftrats, aux grands Seigneurs,
» aux Traitans principaux, aux Prin-
» ces ; fans quoi tout feroit perdu.

Cette gradation eft admirable, *des grands Seigneurs aux Traitans.* Cela fait bien voir que ce n'eft ni le rang ni la naiffance, mais l'argent feul qui régle le luxe.

Mais le luxe ne dépend pas feulement de la forme du Gouvernement, il dépend encore plus de la nature du climat. Celui d'Angleterre

admet le luxe , celui de la Chine le
rejette , & en France on ne doit pas
le craindre ; en voici la raifon. ,, En
,, Angleterre le fol produit beaucoup
,, plus de grain qu'il ne faut pour
,, nourrir ceux qui cultivent les terres,
,, & ceux qui procurent les vête-
,, mens. Il peut donc y avoir des Arts
,, frivoles , & par conféquent du luxe.
,, En France il croît affez de bled pour
,, la nourriture des Laboureurs , & de
,, ceux qui font employés aux Manu-
,, factures. De plus le commerce avec
,, les Etrangers peut rendre pour *des*
,, *chofes frivoles* tant de chofes nécef-
,, faires, qu'on n'y doit guére craindre
,, le luxe. A la Chine au contraire ,
,, les femmes font fi fécondes , & l'ef-
,, péce humaine s'y multiplie à un tel
,, point , que les terres , quelque cul-
,, tivées qu'elles foient , fuffifent à
,, peine pour la nourriture des Habi-
,, tans. Le luxe y eft donc pernicieux,
,, & l'efprit de travail & d'économie
,, y eft auffi requis , que dans quel-
,, ques Républiques que ce foit. Il faut
,, donc s'attacher aux Arts néceffaires,
,, & qu'on fuye ceux de la volupté.

Ne pourroit-on pas dire auſſi , que puiſque la Chine ne produit pas de-quoi nourrir tous ſes Habitans , il ſe-roit à propos qu'une partie de ces mê-mes Habitans s'appliquaſſent à *des choſes frivoles* , pour ſe procurer , com-me en France , par le commerce qu'ils en feroient avec les Etrangers , les choſes les plus néceſſaires ; & pour réparer par ce moyen le défaut du cli-mat : de ſorte que ce défaut-là même feroit juſtement la raiſon qui devroit introduire le luxe à la Chine.

Mais diſons mieux ; ce n'eſt ni la forme du Gouvernement , ni la na-ture du climat qui produit le luxe ; ce ſont nos paſſions , nos goûts , & ſur-tout notre façon de penſer. Tant qu'on croit , par exemple , qu'il y a de la gloire à être économe & frugal , on ai-me la frugalité & l'économie ; mais ſi-tôt qu'on commence à penſer différem-ment , ſitôt qu'on attache de l'honneur à tout ce qui a de l'éclat & qui brille ; en un mot , ſitôt qu'on regarde le luxe comme une marque de diſtinction , on aime le luxe. Il y a trois cens ans que la France formoit déja certainemens un Etat Monarchique ; que le climat étoit le même qu'il est aujourd'hui ; on ne voyoit cependant alors ni édifices fomptueux , ni équipages fuperbes, ni habits magnifiques ; les maifons étoient fimples , les tables frugales, les vêtemens modeftes ; nos ancêtres n'avoient chez eux ni tapifferies des Gobelins , ni glaces de Venife , ni tableaux de grand prix ; c'eft qu'ils ne croyoient pas les bonnes gens, que rien de tout cela pût les rendre ni plus grands , ni plus eftimables , ni plus heureux : mais ajourd'hui que la façon de penfer eft différente ; que ce n'eft que par un certain éclat extérieur qu'on croit pouvoir fe diftinguer du refte des Citoyens ; que c'eft-là uniquement en quoi on fait confifter la grandeur, la félicité, le mérite ; aujourd'hui enfin qu'on n'eft honoré qu'à proportion qu'on fait de la dépenfe , qu'à mefure qu'on donne dans le luxe , il n'eft pas étonnant que le luxe fe foit introduit parmi nous.

Quelle idée de vouloir tout attribuer au climat & au gouvernement , & rien aux paffions, au goût , aux préjugés , à

l’éducation, à la mode ; tout au phyſique & rien au moral ; tout aux élémens
& rien à l’homme ! Le climat eſt dans
l’Eſprit des Loix, ce que le mouvement
eſt dans l’Univers, la cauſe univerſelle
de toutes choſes. Ce qui régle le culte
que l’on rend à la Divinité, c’eſt le
climat ; ce qui fait qu’une Nation a
plus de vertu qu’une autre, c’eſt le
climat ; ce qui rend les femmes ſages
ou voluptueuſes, c’eſt le climat : c’eſt
le climat qui régle la dépenſe, la maniere de s’habiller, de ſe loger, de ſe
meubler, de ſe nourrir. C’eſt le climat qui fait que les uns ſont braves,
les autres timides ; que les uns ont de
la bonne foi, & que les autres ſont
fourbes ; que les uns ſouhaitent de vivre, les autres de mourir. Oui vrai-
ment, c’eſt le climat qui fait que l’on
ſe tue en Angleterre. Cette action
eſt chez ces peuples une maladie de
pays. „ Les Anglois ſe tuent ſans
„ qu’on puiſſe imaginer aucune rai-
„ ſon qui les y détermine ; ils ſe
„ tuent dans le ſein même du bon-
„ heur. Cette action chez les Romains
„ étoit l’effet de l’éducation, elle te-

„ noit à leur maniere de penser &
„ à leurs coutumes. Chez les Anglois,
„ elle est l'effet d'une maladie ; elle
„ tient à l'état physique de la ma-
„ chine, & est indépendante de toute
„ autre cause. Il y a apparence que
„ c'est un défaut de filtration du suc
„ nerveux : la machine dont les forces
„ motrices se trouvent à tout moment
„ sans action, est lasse d'elle-même :
„ l'ame ne sent point de douleur,
„ mais une certaine difficulté de l'exis-
„ tence. Il est clair que les Loix Ci-
„ viles de quelques pays peuvent
„ avoir eû des raisons pour flétrir
„ l'homicide de soi-même : mais en
„ Angleterre on ne peut pas plus le
„ punir, qu'on ne punit les effets de
„ la démence.

Cet Ouvrage est si rempli de contradictions, que des propres principes
de l'Auteur on peut tirer des consé-
quences qui détruisent invincible-
ment encore ici son opinion. Il dit
que *les Anglois se tuent dans le sein même
du bonheur :* ce n'est donc pas par maladie. Si la santé est le plus grand des
biens, la maladie est, par la raison

des contraires , le plus grand des maux : on n'eſt pas dans le ſein du bonheur quand on eſt malade.

Si les Anglois ſe tuent dans le ſein même du bonheur, cette action n'eſt donc pas chez eux l'effet d'une *machine laſſe d'elle-même* , & qui ſent à tout moment *une certaine difficulté de l'exiſtence.* Un homme accablé du poids de la vie , peut il être ſuppoſé dans le ſein du bonheur ?

L'Auteur attribue cette eſpéce d'anéantiſſement, au ſentiment de la *difficulté de l'exiſtence, au défaut* de filtration du ſuc nerveux, par lequel défaut *les forces motrices ſe trouvent à tout moment ſans action.* Les Anglois ſont cependant plus forts & plus robuſtes , que les peuples qui habitent les pays chauds ; la force & la vigueur des membres ſont contradictoires avec la débilité des *forces motrices* ; elles ſuppoſent donc une abondante *filtration du ſuc nerveux.* C'eſt dans les pays chauds , où les *forces motrices* ſe trouvent fréquemment ſans action , que la machine devroit plutôt ſe laſſer d'elle-même.

Dans nos climats tempérés nous voyons que les hommes qui ont été occupés à des travaux fatiguans, éprouvent des lassitudes qui les accablent. Ils sentent dans ce cas la difficulté de l'existence ; ils n'ont point de douleur locale ; mais la dissipation des esprits a débilité & presqu'anéanti les *forces motrices* ; ils ne songent cependant pas à se tuer, quoi qu'ils soient précisément dans la disposition requise par l'Auteur de l'Esprit des Loix, pour se porter à cette action.

Ce n'est donc point le climat qui fait que l'on se tue en Angleterre : écoutons un Anglois qui est sur le point de se donner la mort ; il doit sçavoir quel est le sujet qui l'y détermine ; il va nous dire si c'est par des raisons physiques, ou pour des causes morales ; si c'est par un excès de folie, ou par un principe de sagesse qu'il veut se faire mourir.

* Mon cœur, mes sens flétris, ma funeste   * M.
   raison,   Gresset.
Tout me dit d'abréger le tems de ma prison.

Faut-il donc sans honneur attendre la
  vieilleſſe,
Trainant pour tout deſtin les regrets, la
  foibleſſe,
Pour objet éternel l'affreuſe vérité,
Et pour tout ſentiment l'ennui d'avoir été?
C'eſt au ſtupide, au lâche à plier ſous la
  peine;
A ramper, à vieillir ſous le poids de ſa
  chaine;
Mais vous en conviendrés, quand on ſçait
  réfléchir,
Malheureux ſans remede, on doit ſçavoir
  finir.

Parmi les motifs qui déterminent
Sidnei à ſe donner la mort, nous ne
voyons pas qu'il apporte aucune
cauſe Phyſique, ni aucune raiſon de
politique; il ne s'en prend ni au
climat ni au Gouvernement. Il ne
dit pas » que c'eſt *un défaut de filtration*
» *du ſuc nerveux*; que la machine,
» dont *les forces motrices* ſe trouvent à
» tout moment ſans action, eſt laſſe
» d'elle-même »: il dit ſeulement que
la vie eſt pour lui un fardeau péſant
dont il veut ſe délivrer par la mort.

Mais, dira-t-on, pourquoi la vie eſt

elle pour lui un fardeau fi péfant, fi
non par *un défaut de filtration du fuc
nerveux*, & parce que fes *forces motrices* fe trouvent fans action ? Encore
une fois, ce n'eft pas là la raifon qu'il
en apporte ; la vie lui eft à charge,
parce qu'il eft *malheureux fans remede*;
voilà pourquoi il veut la voir finir.
Qu'on ne dife donc pas que les Anglois
fe tuent *dans le fein même du bonheur*;
rien n'eft plus faux. Il peut bien fe
faire peut-être que l'on ne connoiffe
pas toujours les véritables caufes qui
les portent à fe détruire ; mais ils
n'en viennent jamais à cette extrémité
fans quelque fujet de chagrin ou réel
ou imaginaire. Ce qu'on peut dire
feulement, c'eft qu'en Angleterre où
l'on penfe plus librement fur la Religion que partout ailleurs, on ne
regarde pas comme un crime l'homicide de foi-même. D'ailleurs, les
Loix n'y fletriffent point la mémoire
de ceux qui fe procurent une mort
volontaire. A des gens qui ne craignent rien devant Dieu ni devant les
hommes pour l'avenir, la mort eft le
remede le plus fimple & le plus natu-

rel aux maux préſens qui les accablent.

C'eſt donc la façon de penſer qui, comme chez les Romains, fait que l'on ſe tue en Angleterre, & non pas *le défaut de filtration du ſuc nerveux, l'inaction des forces motrices,* ou une maladie de climat.

* le même.

      * C'en eſt donc fait enfin, tout eſt fini pour
           moi ;
Ce breuvage fatal que j'ai pris ſans effroi ,
Enchaînant tous mes ſens dans une mort
         tranquille ,
Va du dernier ſommeil aſſoupir cet argile !
Nul regret, nul remord ne trouble ma
       raiſon :
L'Eſclave eſt - il coupable en briſant ſa
       priſon ?
Le Juge qui m'attend dans cette nuit ob-
       ſcure ,
Eſt le pere & l'ami de toute la nature ;
Rempli de ſa bonté , mon eſprit immortel
Va tomber, ſans frémir, dans ſon ſein pa-
       ternel.

La foi nous apprend que des flammes vengereſſes attendent dans l'autre vie tous ceux qui ſe donnent eux-mêmes la mort dans celle-ci. Voici

un Anglois qui manque de foi à cet
égard & qui fe perfuade au contraire
qu'une action pareille va être fuivie
d'une éternité de délices. Dira-t-on
auffi, que c'eft par *un défaut de filtration du fuc nerveux*, par l'inaction des
forces motrices, par maladie de climat,
que cet Anglois manque de foi ?

Mais fi l'on ne peut pas dire que
ce foit le climat qui faffe venir aux
gens des envies de fe tuer ; n'eft-ce
pas lui du moins qui leur infpire de
la valeur & du courage ? Car enfin , fi
le climat ne fait pas tout , on ne peut
pas nier cependant qu'il ne faffe quelque chofe.

Que ce foit le climat qui rende les
hommes braves & courageux, c'eft-là
une chofe fur laquelle l'Auteur de
l'Efprit des Loix ne croit pas qu'on
puiffe avoir aucun doute , & voici
de quelle maniere il établit fon fentiment.

» L'air froid refferre les extrémités
» des fibres extérieures de notre corps;
» cela augmente leur reffort, & favo-
» rife le retour du fang des extrémi-
» tés vers le cœur. Il diminue la lon-

» gueur de ces mêmes fibres ; il aug-
» mente donc encore par-là leur force.
» Cette force plus grande doit pro-
» duire plus de confiance en foi-même,
» c’eft-à-dire plus de courage.

» L’air chaud relâche les extrémités
» des fibres & les allonge ; il diminue
» donc leur force & leur reffort ; met-
» tés un homme dans un lieu chaud
» & enfermé , il fouffrira une défail-
» lance de cœur très-grande ; fi dans
» cette circonftance on va lui propo-
» fer une action hardie , je crois qu’on
» l’y trouvera très-peu difpofé ; fa
» foibleffe préfente mettra un décou-
» ragement dans fon ame ; il craindra
» tout , parce qu’il fentira qu’il ne
» peut rien.

» Les Peuples des pays chauds,
» conclut l’Auteur , font timides com-
» me les vieillards le font ; ceux des
» pays froids, font courageux, comme
» le font les jeunes gens.

Tout ce raifonnement roule fur
une fuppofition fauffe ; fçavoir que
c’eft la foibleffe ou la force du corps
qui rend les hommes timides ou courageux. On pourroit citer une infinité
d’exemples

d'exemples qui démentiroient ce principe. Dira-t-on, par exemple, que parmi notre Nobleffe il n'y ait pas plus de bravoure ni de véritable courage, que parmi ceux qu'elle employe à cultiver fes terres ? Il eft fûr néanmoins, généralement parlant, que ceux-ci font plus forts & plus vigoureux que leurs maîtres. Ce n'eft donc point la force ni la vigueur du corps qui infpirent du courage ; c'eft la naiffance, l'éducation, les préjugés, le point d'honneur ; en un mot c'eft la façon de penfer & non pas le climat.

Que deux Payfans également forts & vigoureux, & nés fous le même Ciel, entrent au fervice du Roi, l'un dans un vieux Régiment de troupes reglées, & l'autre dans un Bataillon de Milice ; ils feront au bout de fix mois deux hommes tout différens. Pourquoi cela ? C'eft qu'ils auront pris l'un & l'autre, l'efprit & la façon de penfer de leur corps. Un homme de mon Régiment, dira le premier, doit en avoir les fentimens & la valeur ; foyons donc brave & courageux, finon par tempérament, du moins par état, & pour nous rendre digne du Corps dont nous avons l'honneur d'être membre. Pour moi, dira le second, je ne crois pas que ma qualité de Milicien exige des sentimens si élevés ; le Corps dont je suis me dispense de tant de bravoure, & pour être un bon Milicien, il n'est pas nécessaire d'être un César.

C'est donc, encore un coup, c'est la façon de penser qui rend ces deux hommes si différens, & non pas le climat. C'est la façon de penser & non le climat, qui fait de l'un un Achille, & de l'autre un Thersite. Voyons cependant ce que dit encore l'Auteur pour confirmer son sentiment.

» Si nous faisons attention aux der-
» nieres guerres, qui sont celles que
» nous avons le plus sous nos yeux,
» & dans lesquelles nous pouvons
» mieux voir de certains effets lé-
» gers imperceptibles de loin, nous
» sentirons bien que les peuples du
» Nord transportés dans les pays du
» Midy, n'y ont pas fait d'aussi belles

» actions, que leurs Compatriotes, qui
» combattant dans leur propre climat,
» y jouiſſoient de tout leur courage.

A cela je réponds, que ſi les Allemands, dans les guerres dont parle
ici l'Auteur, (car il s'agit de celles
pour la ſucceſſion d'Eſpagne) ſi, dis-
je, les Allemands n'ont pas eû des
ſuccès ſi éclatans à Villavicioſa, qu'ils
en avoient eû à Hoctſtet, s'ils n'ont
pas fait de ſi belles actions à Alman-
za, qu'à Ramillies, ce n'eſt pas que
la chaleur d'Eſpagne ait *allongé leurs
fibres* & diminué leur courage ; ce
n'eſt pas que ce climat leur ait cauſé
une *défaillance de cœur*, & qu'ils en
ſoient devenus plus timides ; mais
c'eſt par la raiſon toute ſimple, qu'on
ne fait jamais la guerre avec tant de
ſuccès dans une région éloignée, que
ſur ſes frontieres, chez une nation
étrangere, que dans ſon propre pays,
quand même le climat ſeroit égal.
Tout s'oppoſe aux entrepriſes d'une
armée ennemie dans un pays éloigné
du ſien ; elle n'en connoît ni la lan-
gue, ni le caractere, ni la ſituation,
ni les chemins ; & par-là elle eſt ex-

poſée à de plus grandes fautés. S'il lui arrive un malheur, il lui eſt très-difficile de le réparer; ſi elle perd du monde, il lui eſt impoſſible de le remplacer; les avantages mêmes qu'elle peut avoir, il eſt rare qu'elle puiſſe les conſerver long-tems, & le moindre échec eſt preſque toujours ſuivi d'une infinité de diſgraces. D'ailleurs elle trouve autant d'ennemis à combattre qu'il y a d'habitans; & chaque ennemi devient lui-même un guerrier redoutable, toujours prêt à tout entreprendre pour défendre ſes biens, ſa femme, ſes enfans & ſa vie. Voilà les véritables cauſes auxquelles on doit attribuer le peu de ſuccès qu'ont eu les Impériaux dans la derniere guerre qu'ils ont faite en Eſpagne; & non pas au prétendu *allongement des fibres*, à la *défaillance de cœur*, au climat. Les peuples du Nord tranſportés dans les pays du Midy, les peuples du Midy tranſportés dans les pays du Nord, les peuples mêmes d'un climat tempéré tranſportés dans un climat pareil au leur, mais éloigné, n'y feront jamais des actions plus glorieuses que les Allemands en Espagne, pour les raisons que je viens de dire. Eh quoi? le climat du Danube & de la Moldaw n'est-il pas à peu près semblable à celui de la Meuse & de l'Escaut? Cependant quelle différence entre nos dernieres Campagnes en Bohême & en Baviere, & celles qui les ont suivies en Flandres quelques années après? Si les François n'ont pas fait la guerre avec autant de succès en Allemagne que dans les Pays-Bas, on ne dira pas certainement que la chaleur leur ait *allongé les fibres* & diminué le courage, puisque tout le monde sçait qu'ils ont été obligés plusieurs fois de coucher dans la neige, & qu'ils y ont souffert le froid le plus rigoureux; mais c'est qu'ils avoient à combattre dans des pays éloignés, au lieu qu'en Flandres ils faisoient la guerre sur leurs propres frontieres. D'ailleurs ils y avoient à leur tête un Roi victorieux, l'amour de son peuple, les délices de son armée, le pere de ses soldats, qui les menoit lui-même à la gloire au travers de mille périls. Voilà, le véritable climat qui donne la bravoure, & fait passer jusques dans l'ame des plus timides cette force, cette chaleur martiale qui font les héros. Il anime, il échauffe, il embrase le cœur des troupes par sa présence. Le froid le plus rigoureux, les chaleurs excessives, le dérangement des Saisons, rien de tout cela n'est capable de rallentir l'ardeur, ni de diminuer le courage qu'il leur inspire. Encore une fois, s'il y a dans le monde un climat qui rende les hommes courageux, ce ne peut être que celui où régne un Prince de ce caractere, l'exemple des bons Rois & le modéle des Héros.

Cependant l'Auteur toujours ferme dans son opinion, ne paroît pas fort disposé à en rien rabattre. Il enchérit au contraire sur tout ce qu'il a déja dit ; & il prétend que la différence du courage causée par celle du climat » se remarque non seulement ,, de Nation à Nation ; mais encore, ,, dans le même pays, d'une partie à ,, une autre : que les peuples du Nord ,, de la Chine, par exemple, sont

5, plus courageux que ceux du Midy :
„ que les peuples du Midy de la Co-
„ rée ne le font pas tant que ceux du
„ Nord. » Il ne dit pas que la même
chofe arrive en France ; mais il le fait
affez entendre, & l'on peut aifément
le conclure de fes principes. Voilà
donc les Provençaux, les Languedo-
ciens, les Gafcons déclarés moins
braves que les Bretons, les Normands
& les Picards. Quelle injure, furtout
pour les Habitans de la Garonne, elle
qui s'étoit toujours vantée de n'avoir
vû naître que des Céfars fur fes bords !
Quel coup plus terrible l'Auteur de
cet Ouvrage pouvoit-il porter à fa Patrie ? Eh ! quoi, étoit-ce donc par un
de fes enfans les plus chéris, que cette
Province intrépide devoit fe voir en-
lever une partie de fa gloire ? Ne l'a-
voit-elle comblé de toutes les richeffes de l'efprit, que pour qu'il en fît
contre elle-même un ufage fi cruel ?
Que les Provinces Méridionales de
la France nous vantent actuellement
la beauté de leur ciel, l'excellence
de leurs fruits, la vivacité de leurs
Habitans ; nous avons fur elles la

E iv

fuperiorité de la bravoure & du courage, fruits du climat mille fois plus
excellens, que les figues, les raifins,
les olives du Languedoc & de la Pro-
vence.

L'Auteur *de l'Efprit des Loix* pour
donner toujours plus de force à fon
raifonnement, & à fon fentiment plus
de vraifemblance, fe fait une objection très-forte à lui-même, & il y répond on verra comment. Après avoir
dit que dans les pays chauds de l'Afie
les peuples font fans courage, il ajoute :
„ mais comment accorder cela avec
„ leurs actions atroces, leurs coutu-
„ mes, leurs pénitences barbares ?
„ Les hommes s'y foumettent à des
„ maux les plus incroyables : les fem-
„ mes s'y brûlent elles-mêmes. Voilà
„ bien de la force pour tant de foi-
„ bleffe. „ Voici de quelle maniere
on répond à cette objection.

„ La nature qui a donné à ces peu-
„ ples une foibleffe qui les rend ti-
„ mides, leur a donné auffi une
„ imagination fi vive, que tout les
„ frappe à l'excès. Cette même déli-
„ cateffe d'organes qui leur fait crain-

„ dre la mort, fert auffi à leur faire
„ redouter mille chofes plus que la
„ mort. C'eft la même fenfibilité qui
„ leur fait fuir tous les périls, & les
„ leur fait tous braver.

J'ai, je crois, fuffifamment prouvé un peu plus haut, que ce n'eft ni la force du corps, ni le reffort des fibres, mais l'éducation, les préjugés, le point d'honneur, en un mot, que c'eft la façon de penfer qui produit le courage. De ce principe & des dernieres paroles de l'Auteur, je tire une conféquence auffi favorable à ceux qui habitent les pays chauds, qu'elle eft contraire à fon opinion. Il convient que ces peuples ont l'imagination vive & le fentiment fort délicat ; ils doivent donc faifir plus vivement les maximes qu'on leur infpire ; ils doivent en être affectés plus fortement que dans les pays du Nord. Or fuppofons que ce foit une maxime établie parmi eux, que la plus grande de toutes les infamies eft de craindre la mort & de fuir devant fon ennemi ; que la plus grande gloire au contraire, eft de l'attaquer & de le vaincre ;

E v

ſuppoſons, dis-je, que ce ſoit-là le préjugé général de toute une Nation, & la premiere leçon qu'on y apprend dans l'enfance ; n'eſt-il pas évident que cette façon de penſer, dans un climat où l'imagination eſt plus vive, & la ſenſibilité plus grande, y produira néceſſairement auſſi plus de courage ? Concluons donc, & toujours ſelon les principes de l'Auteur, quoique contre lui, que les peuples du Midy, à raiſon même de la chaleur du climat, devroient être plus braves, plus courageux, plus intrépides que ceux du Nord.

Le climat des Lacédémoniens étoit plus chaud certainement que celui des Hollandois ; cependant on ne peut pas diſconvenir, qu'il n'y ait eu à Sparte plus de valeur, d'intrépidité & de bravoure, qu'il n'y en a actuellement à Amſterdam & à la Haye. D'où vient donc cette différence ? De la façon de penſer de ces deux peuples. On regardoit la bravoure à Lacédémone, comme la premiere de toutes les vertus ; les meres l'inſpiroient elles-mêmes à leurs enfans dès

l'âge le plus tendre ; on leur en faisoit des leçons publiques , & cette
qualité devoit être comme le caractere distinctif de la Nation. Il n'en
est pas de même de la Hollande ; c'est
que l'éducation qu'on y reçoit est aussi
bien différente. La premiere chose
qu'on apprend aux jeunes gens, c'est
le Commerce ; & l'on sçait que pour
être un bon Marchand il n'est pas nécessaire d'avoir beaucoup de courage.
Aussi voit-on dans ce pays-là , plus de
riches Négocians que de bons Soldats.
Ce n'est donc, je le répete, ce n'est ni le
froid , ni le ressort des fibres , ni la
force du corps, ni le climat ; mais
c'est l'éducation , les préjugés, le point
d'honneur , en un mot, c'est la façon
de penser qui produit le courage.
Avançons , & voyons aussi de quelle
maniere l'Auteur prétend que le climat
rend les hommes fourbes & trompeurs.

Les Chinois , dit - il , font le peuple le plus fourbe de la terre ; &
voici la raison qu'il en apporte. » Par
» la nature du climat & du terrein ,
» ce peuple a une vie précaire ; on n'y
» est assuré de sa vie qu'à force d'in-

E vj

» duſtrie & de travail : c'eſt donc ,
» conclut l'Auteur, c'eſt la néceſſité
» & peut-être la nature du climat qui
» ont donné à tous les Chinois une
» avidité inconcevable pour le gain ;
» les Loix n'ont pas ſongé à l'arrêter.
» Tout a été permis, quand il s'eſt
» agi d'acquerir par artifice ou par
» induſtrie. Ne comparons donc pas
» la morale des Chinois avec celle
» d'Europe. Chacun à la Chine a dû
» être attentif à ce qui lui étoit utile :
» ſi le fripon a veillé à ſes intérês,
» celui qui eſt dupe devoit penſer aux
» ſiens. A Lacédémone il étoit permis
» de voler : à la Chine il eſt permis
» de tromper.

Que la mauvaiſe foi ſoit permiſe à la
Chine, & cela uniquement à cauſe de
la nature du climat, c'eſt ce que perſonne n'avoit encore imaginé : mais ſans
inſiſter davantage ſur la ſingularité de
cette idée , je me contenterai de rapporter ici ce que dit M. de M.... lui-
même dans ſa *défenſe de l'Eſprit des
Loix*, à l'Auteur d'une certaine Ga-
zette qui trouvoit mauvais qu'il n'eût
point parlé de la Grace. » C'eſt une

» chofe trifte, dit-il, d'avoir à faire
» à un homme qui n'a qu'une idée do-
» minante. C'eft le Conte de ce Curé
» de Village à qui des Aftronomes
» montroient la Lune dans un Télef-
» cope, & qui n'y voyoit que fon clo-
» cher. » L'Auteur de l'Efprit des Loix
n'apperçoit non plus partout lui-même
que le climat ; c'eft fon clocher.

Si tout ce que j'ai dit ne fuffit pas
pour en convaincre, qu'on life feulement encore ce qui fuit : c'eft-là qu'on
verra fa doctrine expofée dans tout
fon jour.

» Dans les pays froids, dit-il, on
» aura peu de fenfibilité pour les plai-
» firs : elle fera plus grande dans les
» pays tempérés : dans les pays chauds
» elle fera extréme. Comme on dif-
» tingue les climats par les degrés de
» Latitude, on pourroit les diftinguer,
» pour ainfi dire, par les degrés de
» fenfibilité.

» Il en fera de même de la dou-
» leur : les fibres groffieres des peu-
» ples du Nord font moins capables
» de dérangement, que les fibres dé-
» licates des peuples des pays chauds ;

» l'ame y eſt donc moins ſenſible à la
» douleur. Il faut écorcher un Moſ-
» covite pour lui donner du ſenti-
» ment.

» Dans les climats du Nord à peine
» le phyſique de l'amour a - t - il la
» force de ſe rendre bien ſenſible.
» Dans les climats tempérés l'amour
» accompagné de mille acceſſoires, ſe
» rend agréable par des choſes qui
» d'abord ſemblent être lui-même ,
» & ne ſont pas encore lui. Dans les
» climats plus chauds on aime l'a-
» mour pour lui-même ; il eſt la cauſe
» unique du bonheur ; il eſt la vie.

» Vous trouverez dans les climats
» du Nord des peuples qui ont peu
» de vices , aſſez de vertus , beau-
» coup de ſincérité & de franchiſe.
» Approchez des pays du Midy, vous
» croirez vous éloigner de la morale
» même ; des paſſions plus vives mul-
» tiplieront les crimes ; chacun cher-
» chera à prendre ſur les autres tous
» les avantages qui peuvent favoriſer
» ces mêmes paſſions. Dans les pays
» tempérés vous verrez des peuples
» inconſtans dans leurs maniéres, dans

,, leurs vices mêmes & dans leurs ver-
,, tus. Le climat n'y a pas une qualité
,, affez déterminée pour les fixer eux-
,, mêmes.

,, La chaleur du climat peut être fi
,, exceffive, que le corps y fera ab-
,, folument fans force : pour lors l'ab-
,, batement paffera à l'efprit même.
,, Aucune curiofité, aucune noble en-
,, treprife, aucun fentiment géné-
,, reux. Les inclinations y feront tou-
,, tes paffives ; la pareffe y fera le bon-
,, heur ; la plûpart des châtimens y
,, feront moins difficiles à foutenir,
,, que l'action de l'ame ; & la fervi-
,, tude moins fupportable que la for-
,, ce d'efprit qui eft néceffaire pour fe
,, conduire foi-même.

,, L'ivrognerie fe trouve établie
,, par toute la terre, dans les pro-
,, portions de la froideur & de l'hu-
,, midité du climat. Paffez de l'Equa-
,, teur jufqu'à notre Pôle, vous y ver-
,, rez l'ivrognerie augmenter avec les
,, dégrés de latitude. Paffez du même
,, Equateur au Pôle oppofé, vous y
,, trouverez l'ivrognerie aller vers le
,, Midy, comme de ce côté-ci elle
,, avoit été vers le Nord.

,, Dans les pays froids l'ufage pref-
,, que néceffaire des boiffons fortes
,, établit l'intempérance parmi les
,, hommes. Les femmes qui ont à cet
,, égard une retenue naturelle, parce
,, qu'elles ont toujours à fe défendre,
,, ont encore l'avantage de la raifon
,, fur eux.

N'ai-je donc pas eu raifon de dire
que l'Auteur de cet Ouvrage ne voit
partout que le climat ? il le voit dans
l'ivrognerie & dans la fobriété ; dans
l'émulation & dans la pareffe ; dans
la douleur & dans le plaifir. Il le
voit dans l'amour & dans l'indifféren-
ce ; dans la fourberie & dans la bonne foi ; dans le mépris & dans la
crainte de la mort. Il le voit dans la
lâcheté & dans le courage ; dans l'é-
conomie & dans le luxe · dans l'incontinence & dans la pudeur. Partout
c'eft le climat qui décide, qui gouverne ; *& le premier de tous les Empires,*
c'eft, dit-il, *l'empire du climat.*

Je conviens avec l'Auteur que le
climat & les autres caufes Phyfiques
produifent un nombre infini d'effets;
& que, comme il le dit dans fa *défen--*

fe , il faudroit ètre *ftupide* pour dire le contraire. Mais je ne conviens pas également, de ce qu'il ajoute un peu plus bas , que " toute la queftion fe " réduit à fçavoir, fi dans des pays " éloignés entre eux, fi fous des cli- " mats différens, il y a des caracteres " d'efprit nationnaux ; s'il y a de cer- " taines qualités du cœur plus fré- " quentes dans un pays que dans un " autre ". Ce n'eft point là du tout l'état de la queftion ; l'état de la quef- tion eft de fçavoir, fi ces différens caracteres d'efprit qu'on remarque dans les divers pays, fi ces qualités du cœur plus fréquentes dans un cli- mat que dans un autre, fi, dis je, tout cela eft véritablement l'effet du climat. Voilà uniquement à quoi la queftion fe réduit. Or je prétens moi , que le climat n'entre pour rien dans la plûpart des effets que l'Auteur lui attribue. C'eft à la vérité le climat qui fait qu'on fe nourrit de Bled en Eu- rope , & de Ris à la Chine ; que l'on boit du Vin en France, & de la Bierre en Angleterre ; qu'en Efpagne on eft vêtu de laine, & de coton dans les

Indes. Mais que ce soit le climat qui
régle les mœurs ; qu'il y ait *de tels
climats où le Physique a une telle force,
que la Morale n'y puisse presque rien ;*
c'est ce qu'on n'a point assez prouvé.
Le climat est toujours le même, il
doit donc agir aussi toujours d'une
maniere uniforme. Ce qu'il faisoit
autrefois, il doit le faire encore aujourd'hui, & s'il ne le fait pas, on
peut assurer qu'il ne l'a jamais fait ni
pû faire. Par exemple, l'Auteur prétend que c'est le climat qui produit
le courage, & moi je soutiens que
c'est la façon de penser ; pour sçavoir
lequel des deux a raison, il n'y a
qu'à considérer ce qu'étoient les Romains du tems de la République &
ce qu'ils font aujourd'hui par rapport
à la bravoure. Je ne ferai point de
parallele, on sent qu'il seroit trop à
l'avantage des anciens. Je dirai seulement avec un de nos Poëtes :

> Ce Pays-là n'est plus cette antique
> Italie
> Des dépouilles du monde autrefois anno-
> blie,

Qui fit craindre en tout lieu fes armes &
	fes Loix ,
Triompha vaillammant de nos premiers
	Gaulois ;
Qui dans Rome tonnant du haut du Capi-
	tole ,
Etonnoit tous les Rois d'une feule parole.
On ne voit plus fes Chefs par la gloire
	animés ,
S'armer pour le fecours des Peuples oppri-
	més ;
Et fiers perfécuteurs des Tyrans & des crimes
Remettre en leurs Etats les Princes légi-
	times.

Si les Romains ne font plus aujourd'hui ce qu'on voit qu'ils étoient
alors, d'où peut venir cette différence ?
du climat ? mais Rome n'a pas changé
de place, elle eft toujours fous le même
Ciel ; pourquoi donc les foldats du
Pape ne font-ils pas encore aujour-
d'hui, ce qu'étoient autrefois ceux de
Pompée, de Scipion & de Paul-Emil-
le ? Il en faut revénir à la raifon que
j'ai apportée d'abord ; c'eft que les Ro-

mains ne penſent plus à préſent comme du tems de ces Grands hommes.
Rome met aujourd'hui toute ſa gloire à former de bons Prêtres & de
ſaints Religieux, & elle laiſſe à d'autres le ſoin d'avoir de bonnes troupes. Contente des honneurs du Sanc-
tuaire, elle en préfere les fonctions
pacifiques aux exercices ſanguinaires
des enfans de Mars. Semblable à
la montagne de Raphidim de nou-
veaux Moyſes y lévent les mains
vers le Ciel, tandis que les Joſués
combattent vaillamment dans la
plaine. Tant que les Romains ont
été flattés de l'éclat des héros, Rome
elle-même a été l'école de la valeur &
de l'héroïſme ; mais depuis qu'ils ne
ſont plus touchés que de la gloire des
Saints, l'honneur de la ſainteté eſt auſſi
le ſeul avantage auquel ils aſpirent. On
dira peut-être encore que c'eſt le climat qui donne ce goût, cette ardeur
pour la ſainteté ; mais que l'on ſe
rappelle les ſiécles de Domitien, de
Néron & de Caligula, on verra que
le climat toujours conſtant dans ſa
façon d'agir, ne produiſoit alors rien
de pareil.

Qu'on remonte jusqu'aux tems les
plus reculés ; qu'on se transporte dans
tous les différens pays ; qu'on lise les
Histoires de tous les Peuples ; & je
suis persuadé que dans le même climat
on trouvera à peine deux siécles de
suite qui se ressemblent. Au tems de
Lysander & d'Alcibiade, Sparte &
Athenes ne se souvenoient presque
plus des Loix de Solon & de Licur-
gue. Sous Darius & sous Alexandre,
les Perses, pour ainsi dire, n'étoient
déja plus le même Peuple. Quelle
différence entre les Romains sous le
Consulat de Pompée & sous le régne de
Tibere ? entre les Moscovites d'aujour-
d'hui & ceux du dernier siécle ? Les
Loix, les Mœurs, les Coutumes, le
Gouvernement, la Religion, la Morale, les inclinations, les vices, les
vertus n'ont jamais eu de forme cons-
tante dans aucun pays du monde ; &
pour peu qu'on fasse de recherches
dans l'antiquité, on trouvera peut-
être, sans être obligé de remonter
trop haut, que les Anglois ont été
dévots autrefois, les Espagnols actifs
& laborieux, les Portugais incrédu-

les. On trouvera qu'il y a eu de la bonne foi chez les Italiens, de la discrétion parmi les François, & chez les Allemands de la sobriété & de la tempérance. Si tous ces Peuples sont différens aujourd'hui de ce qu'ils étoient dans ces tems-là, ce changement doit-il s'attribuer au climat, qui a toujours été le même ? Un homme seul peut bien changer les mœurs, les usages, les coutumes de plusieurs Peuples ; mais tous les climats ensemble ne changeront pas le caractere d'un seul homme. Nous voyons tous les jours des gens qui ont voyagé dans toutes les parties du monde & qui y ont même vécu assez long-tems ; mais ils en sont revenus tout comme ils y étoient allés ; & les climats différens qu'ils ont parcourrus, n'ont pas produit en eux le moindre changement.

Il est donc aisé de voir à présent par tout ce que j'ai dit, quel fond on doit faire sur un ouvrage qui fait dépendre du Gouvernement & du climat les choses du monde qui y ont le moins de rapport, la Religion & la Morale. Je conviens qu'il n'en est pas de |même de la Politique & de la Jurifprudence ; elles tiennent l'une & l'autre par tant d'endroits au climat & au gouvernement, que je ferai du fentiment de l'Auteur, fur prefque tous les points qui vont faire le fujets des articles fuivans. Je finirai celui-ci par une penfée fur le Monachifme, que l'on fait encore dépandre ici, comme tout le refte, de la nature du climat. Il en eft des Moines, dans ce fentiment, à peu près comme du Ris, qui croît plus volontiers dans les pays chauds que dans les pays froids; mais il s'en faut bien que l'Auteur reconnoiffe la même utilité dans l'une & dans l'autre de ces deux graines.

» Le Monachifme, dit-il, eft né » dans les pays chauds d'Orient, où » l'on eft moins porté à l'action qu'à » la fpéculation. En Afie, le nombre » de Dervichs ou Moines, femble » augmenter avec la chaleur du cli- » mat; les Indes, où elle eft excef- » five en font remplies ; on trouve » en Europe cette même différence. » Pour vaincre la pareffe du climat, » il faudroit que les Loix cherchaffent

» à ôter tous les moyens de vivre sans
» travail ; mais dans le Midy de l'Eu-
» rope elles font tout le contraire ;
» elles donnent à ceux qui veulent être
» oififs, des places propres à la vie
» spéculative, & y attachent des ri-
» cheffes immenfes. Ces gens qui vi-
» vent dans une abondance qui leur
» eft à charge, donnent avec raifon
» leur fuperflu au bas peuple : il a
» perdu la propriété des biens, ils
» l'en dédommagent par l'oifiveté dont
» ils le font jouir, & il parvient à
» aimer fa mifere même. Auffi, ajoute
» l'Auteur dans un autre endroit,
» Henri V I I I. voulant réformer l'E-
» glife en Angleterre, détruifit les
» Moines, nation pareffeufe elle-
» même, & qui entretenoit la pareffe
» des autres.

Je pourrois fort bien objeéter ici
que les Moines d'Allemagne & des
pays Catholiques du Nord font plus
riches que ceux d'Efpagne & d'Italie ; mais ce n'eft point à moi à réfuter
les idées de l'Auteur fur le Monachifme ; il y a en France plus de trois cens
mille perfonnes, que ce foin regarde
plus particulierement.

ARTICLE III.

LA POLITIQUE,

Confidérée par rapport au CLIMAT *& au* GOUVERNEMENT.

VOICI l'endroit brillant de cet ouvrage ; la politique. L'Auteur traite cette partie avec toute l'intelligence d'un homme d'état, & avec auffi peu d'ordre que les deux autres. Tout eft ici dans une confufion extrême ; & jamais on n'a vû à la fois autant de génie & fi peu de méthode. Tachons pourtant, fi nous pouvons, de débrouiller ce cahos : tirons-en des aftres, des foleils, des élémens, reglons leur cours, fixons leurs limites, & continuons, comme nous avons fait jufqu'à préfent, à mettre toujours chaque chofe à fa place. C'eft rendre un grand fervice à quantité de gens, qui parlent beaucoup de ce Livre & ne le connoiffent pas ; qui tous veulent l'avoir & ne le lifent pas ; ou qui le lifent peut-être, mais qui ne l'entendent pas. Reprenons donc le fil du labirinthe, & pourfuivons la route que nous nous sommes tracée.

Le climat & le gouvernement, voilà les deux objets qu'il ne faut jamais perdre de vue dans la lecture de cet ouvrage ; & voici en particulier ce que nous devons examiner actuellement : quelle est dans le sentiment de l'Auteur, la politique propre de chaque gouvernement ; quel est le gouvernement qui convient mieux à chaque climat.

Ce sont là comme les deux parties de cet article, dans lesquelles je tacherai, quoi qu'en suivant le plan de l'Auteur, d'éviter la confusion qui regne dans son ouvrage. Comme lui, je parlerai de la nature & des principes des differens gouvernemens, de leur conservation & de leur ruine, de leur liberté & de leurs conquêtes ; mais en même-tems j'éloignerai avec soin tout ce qui n'aura point assez de rapport avec ces differens objets.

L'Auteur distingue comme tout le monde, trois sortes de gouvernemens, le republicain, le monarchique & le despotique. Le gouvernement republicain est celui où le peuple en corps, ou seulement une partie du peuple a la souveraine puissance ; voici quelle est la politique qui convient d'avantage à cette espece de gouvernement.

Il est question d'abord des citoyens qui doivent former les assemblées. La bonne politique veut que le nombre en soit déterminé. Dans un état où rien ne se fait que par l'autorité du peuple, il faut sçavoir si le peuple a parlé ou non ; & comment le sçaura-t-on, si on ne fixe le nombre de ceux qui doivent donner leur suffrage ? » A Rome née dans la petitesse pour » aller à la grandeur, à Rome faite » pour éprouver toutes les vicissitu- » des de la fortune, à Rome qui » avoit tantôt presque tous ses ci- » toyens hors de ses murailles, tan- » tôt toute l'Italie & une partie de la » terre dans ses murailles, on n'avoit » point fixé ce nombre ; & ce fut une » des grandes causes de sa ruine.

Il s'agit en second lieu de l'élection des Magistrats, & de ceux qui doivent commander les armées de la république ; car l'Auteur ne veut pas

que ce foit le peuple qui gouverne
par lui-même, mais feulement par fes
Miniftres. ,, Le peuple a toujours trop
,, d'action ou trop peu : quelquefois
,, avec cent mille bras il renverfe tout;
,, quelquefois avec cent mille pieds il
,, ne va que comme les infectes. Mais
ce même peuple eft admirable pour
choifir ceux à qui il doit confier quelque partie de fon autorité. ,, Il n'a à
,, fe déterminer que par des chofes
,, qu'il ne peut ignorer, & des faits
,, qui tombent fous les fens. Il fçait
,, très-bien qu'un homme a été fou-
,, vent à la guerre, qu'il y a eu tels
,, ou tels fuccès; il eft donc très-capa-
,, ble d'élire un général. Il fçait qu'un
,, Juge eft affidu, que beaucoup de
,, gens fe retirent de fon tribunal con-
,, tens de lui, qu'on ne l'a pas con-
,, vaincu de corruption; en voilà af-
,, fez pour qu'il élife un préteur. Tou-
,, tes ces chofes font des faits dont il
,, s'inftruit mieux dans la place pu-
,, blique, qu'un Monarque dans fon
,, Palais.

La politique demande auffi qu'une
République n'ait qu'un petit terri-

toire, pour éviter les fortunes immo-
derées, & les trop grandes richesses
dans un particulier. Un homme qui
possede de grands biens, sent d'abord
qu'il peut être heureux sans le secours de sa patrie, & bientôt qu'il peut
être seul grand sur les ruines de sa
patrie.

La politique veut donc encore
par conséquent, que les terres de la
République soient partagées également entre tous les citoyens ; &
pour entretenir cette égalité, il faut
régler les dots des femmes, les do-
nations, les successions, les Testa-
mens ; il faut que tous les enfans reçoivent une égale part dans la succes-
sion de leur pere ; & si cette égalité
vient à se perdre, il faut que des loix
particulieres imposent aux riches de
nouvelles charges, qu'elles accordent
aux pauvres du soulagement, &
qu'elles égalisent, pour ainsi dire,
l'inégalité des citoyens.

L'Auteur parle aussi de la division
du peuple en plusieurs classes, de la
maniere de donner son suffrage dans
les élections, des moyens de prévenir

les brigues, & des abus qui réſultent
de la trop grande authorité confiée à
un citoyen. Il diſtingue enſuite les
differentes ſortes de Républiques, il
remarque le caractere de chacune en
particulier, & il fait voir les avantages & les inconvéniens des unes &
des autres. Voilà ce qui concerne la
nature du gouvernement populaire.

Le monarchique eſt celui où un
ſeul gouverne, mais par des loix fixes
& établies. La politique demande
qu'il y ait dans ce gouvernement des
rangs intermédiaires entre le peuple
& le Monarque, c'eſt-à-dire, des
Seigneurs, de la Nobleſſe, un Clergé,
ſans quoi on aura bientôt un état populaire, ou bien un état deſpotique.
» Autant le pouvoir du Clergé eſt
» dangereux dans une République,
» autant eſt-il convenable dans une
» Monarchie ; ſurtout dans celles qui
» vont au deſpotiſme. Où en ſeroient
» l'Eſpagne & le Portugal depuis la
» perte de leurs Loix, ſans ce pou-
» voir qui arrête ſeul la puiſſance ar-
» bitraire ? Barriere toujours bonne
» lorſqu'il n'y en a point d'autres. Car

» comme le defpotifme caufe à la na-
» ture humaine des maux effroyables ;
» le mal même qui le limite eft un
» bien.

Mais il ne fuffit pas qu'il y ait dans
une Monarchie des pouvoirs intermédiaires ; il faut encore un dépot de
Loix. Ce dépot ne peut être ni dans le
confeil du Prince, ni dans la Nobleffe.
» Le confeil du Prince, dit l'Auteur,
» change fans ceffe ; il n'eft point per-
» manent ; il ne fçauroit être nom-
» breux ; il n'a point à un affez haut
» degré la confiance du peuple ; il
» n'eft donc pas en état de l'éclairer
» dans les tems difficiles, ni de le ra-
» mener à l'obéiffance.

» L'ignorance naturelle de la No-
» bleffe, fon inattention, fon mépris
» pour le gouvernement civil exigent
» qu'il y ait un corps qui faffe fans
» ceffe fortir les loix de la pouffiere
» où elles feroient enfevelies.

Comme les chofes s'executent avec
beaucoup de promptitude dans les
Monarchies, & que cette promptitude pourroit dégénerer en rapidité,
il faut, dit l'Auteur, que ceux qui

ont le dépôt des loix , apportent
» dans les affaires du Prince cette re-
» flexion , qu'on ne peut guere atten-
» dre du défaut de lumieres de la
» Cour ſur les Loix de l'Etat , ni de
» la précipitation de ſes conſeils.

Il faut encore qu'un Etat Monarchique ne ſoit ni trop grand ni
trop petit. Trop grand , il affoibliroit l'autorité du Prince , ou il dégé-
nereroit en deſpotiſme. Trop petit ,
le Prince y ſeroit aiſément opprimé
par une force étrangere , ou même
par une force domeſtique : le peuple
pourroit à chaque inſtant ſe réunir
contre lui , & faire de ſon Etat une
République.

Le gouvernement deſpotique eſt
celui où un ſeul , ſans loi & ſans regle , entraine tout par ſa volonté.
Dans ce gouvernement la politique
veut que le pouvoir du Prince paſſe
tout entier entre les mains de ceux à
qui il le confie ; que le Viſir ſoit le
deſpote , que chaque Gouverneur ſoit
le Viſir , & que les Officiers particuliers ayent chacun dans leur diſtrict
la même autorité que les Gouver-

neuts. Quiconque répond des autres fur fa vie , doit avoir droit fur la vie des autres.

La nature de ce gouvernement demande dans les fujets une obéiffance extrême. La volonté du Prince eft la loi ; & la loi une fois connue , il n'y a ni remontrances , ni accommodement , ni modifications à oppofer. L'homme eft une créature qui fe foumet à une créature qui veut. Il ne faut donc pas qu'il raifonne , qu'il s'excufe , qu'il délibere ou qu'il refufe , fans quoi ce gouvernement périroit.

Comme il n'y a aucune loi fondamentale dans les états defpotiques , qui regle l'ordre de la fucceffion à l'Empire, & que tous les Princes de la famille Royale ont une égale capacité pour être élû , la politique de celui qui monte fur le thrône exige qu'il fe défaffe de tous fes freres par le fer , la corde, ou le poifon ; fans quoi chaque vacance de thrône feroit fuivie d'une affreufe guerre civile ; les freres du Monarque étant en même-tems fes efclaves & fes rivaux.

Dans un Etat où le Prince eft le

maître des biens de fes fujets, & où
les confifcations font fréquentes, on
doit plus penfer à jouir du préfent,
qu'à amaffer pour l'avenir. Delà vient
qu'on y voit beaucoup d'ufure, & peu
de commerce.

C'eft une très-mauvaife politique
dans le defpote, de fe déclarer pro-
priétaire de tous les fonds de terre,
& l'héritier de tous fes fujets. On ne
répare rien alors, on n'améliore rien.
On ne plante point d'arbres, on ne
bâtit que pour la vie. On tire tout
de la terre, on ne lui rend rien ; &
l'on ne croit avoir en propre que l'or
ou l'argent qu'on peut cacher.

Voilà, à peu de chofe près, à quoi
fe réduit tout ce que dit l'Auteur de
l'Efprit des Loix, en divers endroits
de fon Livre, fur la nature des differens gouvernemens. On trouve les
mêmes chofes dans prefque tous les
Auteurs qui ont écrit fur la politique ; mais ce qu'on n'y trouve pas
également, c'eft cette force d'expref-
fions, cette nobleffe de penfées, cette
abondance de lumieres, cette profondeur de réflexions qu'on n'avoit

point vû encore , & qu'on ne verra
peut-être jamais dans aucun de nos
écrivains. Ce font ces images grandes , nobles , fublïmes , qui naiffent
à chaque inftant fous la main de l'Auteur , excitent l'étonnement des lecteurs , & font de toutes les pages de
ce livre comme autant de magnifiques tableaux de chaque chofe qu'on
y repréfente. Voilà ce qui fera toujours de *l'Efprit des Loix* un ouvrage
unique , & dans lequel il n'y aura jamais autant à reprendre qu'à admirer.
Un ouvrage dont tout le monde fera
capable de fentir les beautés , & dónt
très-peu de perfonnes feront en état
de remarquer les défauts. Un ouvrage que ceux qui le liront le plus ,
gouteront le moins , & que ceux qui
l'entendront le moins , loueront le
plus. Un ouvrage dont on retiendra
quelques maximes , mais qu'on n'ap-
profondira point ; dont on recom-
mencera fouvent la lecture , mais
qu'on n'achevera prefque jamais de
lire entierement. Les gens d'efprit en
le critiquant l'admireront , & les
fots l'admireront pour paroître avoir

de l'efprit ; & ce fera le grand nombre. Il y a donc dans cet ouvrage des morceaux admirables ; perfonnes ne l'a dit plus haut, ni ne l'a répété plus fouvent que moi ; mais enfin, comme je l'ai dit auffi, ce ne font que des morceaux. L'or eft à la fuperficie, la terre eft dans le centre ; mais laiffons cette terre, prenons de l'or. En voici que j'ai ramaffé de côté & d'autre pour en faire une ftatue à la gloire de l'Auteur. Je ne le préfente qu'en lingots ; fes partifans le mettront en œuvre.

» Les hommes font tous égaux
» dans le gouvernement républicain ;
» ils font égaux dans le gouverne-
» ment defpotique. Dans le premier,
» c'eft parce qu'ils font tout ; dans le
» fecond, c'eft parce qu'ils ne font rien.

» La tyrannie eft toujours lente &
» foible dans fes commencemens,
» comme elle eft prompte & vive
» dans fa fin. Elle ne montre d'abord
» qu'une main pour fecourir, & op-
» prime enfuite avec une infinité de
» bras.

» C'eft un des avantages des char-

» mes de la jeuneſſe dans les femmes,
» que dans un âge avancé, un mari ſe
» porte à la bienveillance, par le ſou-
» venir de ſes plaiſirs.

» L'empire de la mer a toujours
» donné aux peuples qui l'ont poſſe-
» dé, une fierté naturelle ; parce que
» ſe ſentant capables d'inſulter par-
» tout, ils croyent que leur pouvoir
» n'a pas plus de bornes que l'océan.

» La ſociété nous apprend à ſentir
» les ridicules, la retraite nous rend
» plus propres à ſentir les vices.

» La politeſſe flate les vices des au-
» tres ; & la civilité nous empêche de
» mettre les notres au jour : c'eſt une
» barriere que les hommes mettent
» entr'eux , pour s'empêcher de ſe
» corrompre.

» Toute nation pareſſeuſe eſt gra-
» ve ; car ceux qui ne travaillent pas
» ſe regardent comme ſouverains de
» ceux qui travaillent.

» La pareſſe eſt l'effet de l'orgueil ;
» le travail eſt une ſuite de la vanité ;
» l'orgueil d'un Eſpagnol le portera à
» ne pas travailler ; la vanité d'un
» Erançois le portera à ſçavoir travail-
» ler mieux que les autres,

» Les révolutions que forment la
» liberté , ne font qu'une confirma-
» tion de la liberté. Une nation libre
» peut avoir un liberateur ; une na-
» tion fubjuguée ne peut avoir qu'un
» autre oppreffeur. Car tout homme
» qui a affez de force pour chaffer ce-
» lui qui eft déja le maître abfolu
» dans un état , en a affez pour le de-
» venir lui-même.

» Il ne faudroit pas que la Reli-
» gion encourageat les dépenfes des
» funerailles ; qu'y a-t-il de plus na-
» turel , que d'ôter la difference des
» fortunes dans une chofe & dans les
» momens qui égalifent toutes les
» fortunes.

» Les Sérails font des lieux où l'ar-
» tifice , la méchanceté , la rufe re-
» gnent dans le filence , & fe couvrent
» d'une épaiffe nuit ; où un vieux
» Prince devenu tous les jours plus
» imbécille , eft le premier prifonnier
» du Palais.

» Les hommes extrêmement heu-
» reux & extrêmement malheureux
» font également portés à la dureté ;
» témoins les Moines & les Conqué-

» rans. Il n'y a que le mêlange de la
» bonne & de la mauvaise fortune,
» qui donne de la douceur & de la
» pitié.

» Il est singulier que parmi nous,
» trois crimes, la magie, l'héréfie &
» le crime contre nature, dont on
» pourroit prouver du premier, qu'il
» n'existe pas ; du fecond qu'il est fuf-
» ceptible d'une infinité de diftinc-
» tions, interprétations, limitations ;
» du troisiéme, qu'il est très-fouvent
» obfcur, ayent été tous trois punis
» de la peine du feu.

» Quand les Sauvages de la Loui-
» fianne veulent avoir du fruit, ils
» coupent l'arbre au pied, & cueil-
» lent le fruit. Voilà le gouvernement
» defpotique.

Ces dernieres paroles valent un livre ; c'est peut-être ce qui a engagé
l'Auteur à faire de ces quatre petites
lignes un Chapitre particulier ; il y a
des gens qui y ont trouvé à redire, &
qui ont traité cela de coquetterie ; ils
ont tort ; une si belle image devoit
être encadrée féparément.

J'avois promis de donner de l'or,

& j'ai , je crois , assez bien tenu ma promesse. Je serois le maître , sans doute , d'en donner davantage si je voulois, car je suis à la source , & ce livre est un Pérou. Mais je dois mieux ménager mes intérêts ; j'ai encore bien des choses à dire ; & comment faire recevoir au lecteur le fer que je lui donne , si je l'accoutume trop à l'or d'autrui ? de tems en tems seulement pour le défennuyer je ferai parler l'Auteur ; je sens que c'est le moyen d'être mieux venu. Continuons , & de la nature des trois gouvernemens , passons à leurs principes.

La vertu , l'honneur & la crainte , voilà les trois grands ressorts qui font mouvoir les Etats , voilà ce qui leur donne l'ame , le mouvement & la vie. La vertu anime les Républiques , l'honneur fait agir les Monarchies , & la crainte est le principe des Etats despotiques.

Que l'Auteur ait raison ou non , dans la distribution qu'il fait de ces trois principes , c'est ce qu'il n'est plus question d'examiner présentement. J'ai dit ailleurs tout ce que j'avois à

dire là-deſſus, je ne ferai donc que
rapporter ici quelques conféquences
que l'on en tire par rapport à la politique. Elles regardent principalement
l'éducation, la diſtribution des emplois, les récompenſes & les peines.
Tout cela doit être relatif aux principes de chaque gouvernement.

Dans le républicain l'éducation ne
doit s'appliquer qu'à rendre les citoyens vertueux, qu'à leur élever le
cœur dans les Monarchies, qu'à leur
abbaiſſer l'ame dans les états deſpotiques. C'eſt le moyen d'entretenir
dans ces trois gouvernemens, la vertu, l'honneur & la crainte.

Dans le premier, les emplois & les
magiſtratures ſont des témoignages
de vertu ; on ne peut donc pas les re-
fuſer. Dans le ſecond ce ſont des
marques d'honneur ; on peut donc ne
pas les accepter. Dans le troiſiéme,
où l'on abuſe également de l'honneur
& de la vertu, on *fait indifferemment
d'un Prince un goujat, & d'un goujat
un Prince.*

Dans une République où regne la
vertu, l'Etat ne doit récompenſer que

par des témoignages de cette vertu. La récompense d'une belle action est le plaisir de l'avoir faite.

Dans un Monarchie , où regne l'honneur seul , un sujet ne doit attendre de ses services que des distinctions ; mais comme les distinctions sont jointes à un luxe qui donne nécessairement des besoins , il faut que le Prince y récompense par des honneurs qui conduisent à la fortune.

Dans les Etats despotiques , le Prince qui récompense n'a que de l'argent à donner ; c'est qu'on n'y connoît ni l'honneur ni la vertu.

La plus grande peine d'une mauvaise action dans un gouvernement républicain , est d'en être convaincu. Dans le monarchique , la honte & la crainte du blâme sont aussi des motifs réprimans. Il faut dans le despotique des peines corporelles. Un homme vertueux est toujours assez puni par des remords ; un homme d'honneur , par des humiliations ; au lieu qu'il faut des supplices rigoureux pour une ame servile.

Je marche à grands pas ; c'est qu'il

me reste encore bien du chemin à faire. Que seroit-ce si je suivois l'Auteur dans tous ses détours ? Chaque sentier qui se présente, il s'y engage ; peu inquiet, s'il l'éloigne de son but. Il est vrai qu'il rend sa route agréable ; par tout où il passe, il répand des fleurs. Si quelque fois, pour dérober sa marche, il se couvre d'un nuage épais, bientôt un trait éclatant de lumiere s'échappe au travers de l'obscurité, & le découvre. Le nuage reste cependant ; aussi voit-on dans sa course beaucoup d'éclairs, & peu de jour. A l'aide de cette lueur passagere, j'ai parlé de la nature & des principes des trois gouvernemens ; voyons, avec le même secours, comment ils se corrompent.

Ce qui perd une République, c'est quand elle n'a plus rien à redouter au dehors. Carthage & Rome s'intimiderent l'une & l'autre, & s'affermirent. Comme des eaux trop tranquilles, une République qui a trop de sureté, est sujette à se corrompre.

La démocratie se corrompt ou par l'esprit d'inégalité qui la mene infailliblement à l'aristocratie ; ou par l'esprit d'une égalité extrême, qui finit toujours par le despotisme. Ce n'est que la vertu qui soutient le gouvernement populaire ; & la vertu est aussi éloigné de la liberté extrême, que de l'extrême servitude.

L'aristocratie se corrompt, lorsque le pouvoir des Nobles devient arbitraire, & leur puissance héréditaire. La République alors n'est plus que dans la partie qui gouverne ; l'état despotique est dans celle qui est gouvernée ; les Nobles jouissent de la liberté, le peuple gémit dans la servitude ; ceux-là sont des tyrans, celui-ci est un esclave.

La Monarchie se corrompt lorsque le Prince ôte aux villes leurs priviléges, aux corps leurs prérogatives, aux grands le respect des peuples. Qu'il change l'ordre des récompenses & des honneurs, qu'il méconnoit l'amour de ses sujets, qu'il montre plus de sévérité que de justice ; lorsque rapportant tout à lui-même, il appelle l'Etat à sa capitale, la capitale à la Cour, la Cour à sa personne.

Quant au Gouvernement despotique, voici ce que dit l'Auteur :
» Son principe se corrompt sans cesse,
» parce qu'il est corrompu par sa na-
» ture. Ce Gouvernement périt par
» son vice intérieur, lorsque quel-
» ques causes accidentelles n'empê-
» chent pas son principe de se cor-
» rompre ; ces choses forcent sa na-
» ture sans la changer ; sa ferocité
» reste, elle est pour quelque tems
» apprivoisée.

C'est comme si l'Auteur disoit : le
Gouvernement despotique ne peut
se soutenir par lui-même : sa conservation dépend de plusieurs causes
étrangeres, sans lesquelles il périroit
à chaque instant. Il est toujours dans
un Etat violent & forcé ; & sa nature
est de tendre sans cesse à sa destruc-
tion. Voilà sans doute le vrai sens de
ces paroles : cela posé, voici comme
je raisonne.

Ce qui s'oppose à la conservation
du Gouvernement despotique, doit,
par la même raison, s'opposer aussi à
son établissement ; & les mêmes causes qui servent à le maintenir, doivent

liblement à l'aristocratie ; ou par l'esprit d'une égalité extrême, qui finit toujours par le despotisme. Ce n'est que la vertu qui soutient le gouvernement populaire ; & la vertu est aussi éloigné de la liberté extrême, que de l'extrême servitude.

L'aristocratie se corrompt, lorsque le pouvoir des Nobles devient arbitraire, & leur puissance héréditaire. La République alors n'est plus que dans la partie qui gouverne ; l'état despotique est dans celle qui est gouvernée ; les Nobles jouissent de la liberté, le peuple gémit dans la servitude ; ceux-là sont des tyrans, celui-ci est un esclave.

La Monarchie se corrompt lorsque le Prince ôte aux villes leurs priviléges, aux corps leurs prérogatives, aux grands le respect des peuples. Qu'il change l'ordre des récompenses & des honneurs, qu'il méconnoit l'amour de ses sujets, qu'il montre plus de sévérité que de justice ; lorsque rapportant tout à lui-même, il appelle l'Etat à sa capitale, la capitale à la Cour, la Cour à sa personne.

Quant au Gouvernement defpotique , voici ce que dit l'Auteur :
» Son principe fe corrompt fans ceffe,
» parce qu'il eft corrompu par fa na-
» ture. Ce Gouvernement périt par
» fon vice intérieur , lorfque quel-
» ques caufes accidentelles n'empê-
» chent pas fon principe de fe cor-
» rompre ; ces chofes forcent fa na-
» ture fans la changer ; fa ferocité
» refte , elle eft pour quelque tems
» apprivoifée.

C'eft comme fi l'Auteur difoit : le
Gouvernement defpotique ne peut
fe foutenir par lui-même : fa confervation dépend de plufieurs caufes
étrangeres, fans lefquelles il périroit
à chaque inftant. Il eft toujours dans
un Etat violent & forcé ; & fa nature
eft de tendre fans ceffe à fa deftruction. Voilà fans doute le vrai fens de
ces paroles : cela pofé, voici comme
je raifonne.

Ce qui s'oppofe à la confervation
du Gouvernement defpotique, doit,
par la même raifon, s'oppofer auffi à
fon établiffement ; & les mêmes caufes qui fervent à le maintenir, doivent

contribuer également à le former. Or s'il est vrai que ce Gouvernement ait tant de peine à se conserver, il faut donc qu'il en ait aussi beaucoup à s'établir. Cette conséquence est évidente ; c'est seulement dommage qu'elle s'accorde si peu avec ce qui suit.

» Le Gouvernement despotique » saute, pour ainsi dire, aux yeux ; » il est uniforme partout ; comme il » ne faut que des passions pour l'établir, tout le monde est bon pour » cela. » Mais si tout le monde est bon pour former un Etat despotique, tout le monde est donc bon aussi pour le maintenir ; s'il ne faut que des passions pour l'établir, il ne faut donc que des passions non plus pour le conserver. Un Gouvernement qu'on dit être si simple, si naturel, si uniforme, n'est donc pas un Gouvernement qui ait besoin du concours de tant de causes accidentelles & étrangeres pour l'empêcher de périr ; ce n'est pas un Gouvernement qui soit toujours dans un Etat violent & forcé, qui panche à chaque instant vers sa ruine. Ce sont-là des contradictions qui prouvent bien que le Livre de l'Esprit des Loix n'est pas un Ouvrage de mémoire: car on ne s'y souvient pas dans la page suivante de ce qui a été dit dans celle qui a précédé. L'Auteur a jetté sur le papier toutes les idées qui se sont présentées à son esprit, sans s'embarrasser du peu de liaison qu'elles avoient entre elles ; sans s'inquiéter si les premieres démentoient les secondes, & si elles se détruisoient mutuellement. Il a parcouru à grands pas des pays immenses, sans bornes, sans chemins, & sans guides ; & sa course plus brillante, plus glorieuse, plus variée que celle d'Ulisse, est aussi plus remplie d'erreurs. Mais au milieu de ces erreurs-là même on découvre des vérités si sublimes, au travers de ces routes égarées on apperçoit des clartés si lumineuses, parmi tant de défauts enfin on remarque des beautés si frappantes, qu'on est toujours étonné de trouver tant d'esprit & si peu de raisonnement , tant de génie & si peu de logique. Mais poursuivons , & voyons actuellement ce qu'exige encore la politique pour la conservation des trois Gouvernemens.

Les Républiques se conservent en s'associant avec d'autres Républiques. Par cette confédération elles jouissent au dedans de toutes les prérogatives d'un petit Etat, & au dehors de tous les avantages des grands Empires.

Une Monarchie se conserve en construisant des Places fortes pour défendre ses frontiéres, en entretenant des armées pour défendre ses Places fortes.

Le despotisme se conserve, non pas en fortifiant, mais en ravageant ses frontiéres; non pas en s'associant avec d'autres Etats, mais en se séparant de tous. Quand les frontiéres d'un grand Etat sont désertes, le corps de l'Empire devient inaccessible; en sacrifiant les extrêmités, le cœur se conserve plus aisément.

L'Auteur assigne une autre sorte de séparation sans dévaster ses frontiéres, c'est de confier à des Princes feudataires les Provinces de l'Empire les plus éloignées. Mais il me paroît que c'est-là autant une confédération qu'une séparation; c'est s'associer avec des voisins,

voiſins, plutôt que s'éloigner de ſes ennemis : en un mot, ce n'eſt pas plus ſe ſéparer que s'unir. Or toute union politique eſt oppoſée au Gouvernement arbitraire. Un Prince qui ne ſçait que vouloir, ne peut avoir ni alliés, ni amis ; tous les hommes qui ont affaire à lui ſont, ou ſes ennemis, ou ſes eſclaves.

Nous avons parlé des trois Gouvernemens, de leur conſervation, de leur corruption, de leur nature & de leurs principes : diſons auſſi un mot de leur liberté & de leurs conquêtes.

Il y a dans chaque Gouvernement une liberté qui lui eſt propre, & que la politique doit maintenir. L'Auteur diſtingue deux ſortes de liberté ; celle du Citoyen & celle de l'Etat.

La liberté du Citoyen eſt cette tranquillité d'eſprit qui provient de l'opinion que chacun a de ſa ſûreté. Dans les Républiques, où il eſt permis à tout homme d'accuſer qui il veut, on entretient cette liberté en établiſſant des Loix propres à défendre l'innocence des Citoyens. L'Auteur ne veut pas qu'on y puniſſe trop

G

le crime de lèze-Majesté ; on établi-
roit la tyrannie des vengeurs, sous
prétexte de tirer vengeance des tyrans. Il condamne les proscriptions ;
l'exil des Citoyens affoibliroit la République. Il désapprouve les Loix
trop sévéres contre les débiteurs ; » un
» Citoyen s'est déja donné une assez
» grande supériorité sur un Citoyen,
» en lui prétant un argent que celui-ci
» n'a emprunté que pour s'en défaire,
» & que par conséquent il n'a plus,
» sans que les Loix augmentent en-
» core cette servitude.

Dans les Monarchies on perd une
partie de la liberté, quand le Prince
nomme des Commissaires pour juger
les particuliers ; quand il employe
des espions pour examiner la conduite de ses sujets ; quand il permet
aux Citoyens de s'accuser mutuellement dans des écrits anonimes, &
qu'il a égard à ces accusations.

Pour mettre un peu de liberté dans
les Etats despotiques, il est bon d'y
établir des Loix de Religion qui tem-
pérent l'autorité du Prince ; il est bon
qu'il y ait des Livres sacrés qui ser-

vent de régle à la puiſſance arbitraire ;
que le Code Religieux ſupplée au
Civil ; & que les Juges, dans certains
cas, conſultent les Miniſtres des Au-
tels. Voilà ce qui concerne la liberté
des Citoyens.

Celle de l'Etat conſiſte dans une
juſte diſtribution du pouvoir. L'Etat
eſt libre, lorſque ce n'eſt pas la même perſonne ou le même Corps qui
fait les Loix, les exécute & juge les
particuliers. Les Républiques ne ſont
libres, qu'autant que ces trois pouvoirs ſont diviſés. S'ils ſont réunis
dans une Monarchie, cette Monarchie ſera un pur deſpotiſme ; & le
deſpotiſme n'eſt tel, que parce que
c'eſt le Prince qui juge, qui exécute
& qui fait la Loi.

Comme il y a deux ſortes de liberté, l'Auteur diſtingue auſſi deux ſortes de ſervitude ; la politique & la
civile. L'une eſt celle de l'Etat, & l'autre celle du Citoyen. La premiere
trouvera plus naturellement ſa place
à la fin de cet article : conſidérons ici
quel rapport la ſeconde peut avoir
avec les différens Gouvernemens.

Les esclaves sont contre l'esprit de la constitution des Républiques ; ils ne servent qu'à donner aux Citoyens une puissance & un luxe qu'ils ne doivent point avoir.

Ils ne sont pas moins contraires au Gouvernement Monarchique , „ où il „ est souverainement important de ne „ point avilir la nature humaine. Un „ esclave sent que son maître a une „ ame qui peut s'agrandir , & que la „ sienne est contrainte de s'abbaisser „ sans cesse. Rien ne met plus près de „ la condition des bêtes , que de voir „ toujours des hommes libres & de „ ne l'être pas ; de telles gens sont „ des ennemis naturels de la société , „ leur nombre seroit dangereux.

Il le seroit moins dans le Gouvernement despotique , où la condition de l'esclave n'est guére plus à charge que celle du sujet. La servitude de l'Etat y anéantit , en quelque façon , la liberté des Citoyens ; & ceux qu'on appelle hommes libres , ne le sont guére plus que ceux qui n'y ont pas ce titre.

Si la liberté fait au-dedans le bon-

heur des Etats , les conquêtes en
font au-dehors toute la gloire. Cependant une République qui conquiert, agit contre fes propres intérêts.
Car , ou elle partage fa fouveraineté
avec les peuples conquis , ou elle les
gouverne en fujets : dans le premier
cas , elle fera en danger de fe perdre
par fon trop d'étendue : dans le fecond, elle expofera fa propre liberté ,
parce qu'elle confiera une trop grande
puiffance aux Magiftrats qu'elle en-
verra dans l'Etat conquis. On obviera
à ce double inconvénient , ou en bor-
nant la conquête au nombre des Citoyens qu'on veut faire entrer dans
la République , ou en donnant au peuple conquis un bon Droit politique
& de bonnes Loix civiles.

Une Monarchie ne doit pas étendre fes conquêtes au-delà des bornes
naturelles à fon Gouvernement. Elle
doit traiter le peuple conquis avec
douceur, lui laiffer fes Loix , fes Coutumes , fes Priviléges , il ne faut rien
changer que l'Armée & le nom du
Souverain.

Quand une Monarchie en conquiert

une autre, fi celle-ci eſt petite, on la
contiendra par des fortereſſes ; fi elle
eſt grande, on la conſervera par des
colonies. Mais la politique veut que
les Corps civils & militaires ſoient
compoſés également de vaincus &
de vainqueurs, pour ne point déſeſ-
pérer les uns, & pour ne point en-or-
gueillir les autres.

Quand un Etat deſpotique conquiert un autre Etat, s'il veut le conſerver, il faut que le deſpote ait
toujours autour de lui un corps de
trouppes particuliérement affidé, toujours prêt à fondre ſur la partie de ſa
conquête qui pourroit s'ébranler.

L'Auteur de l'Eſprit des Loix trouve qu'il vaudroit mieux que le Con-
quérant rendit le Trône au Prince lé-
gitime *pour s'en faire un Allié néceſſaire,*
qui, avec les forces qui lui ſont propres, augmenteroit les ſiennes. Il
avoit dit auparavant que les Etats deſpotiques pourvoyent à leur ſûreté *enſe*
ſéparant & en ſe tenant, pour ainſi dire,
ſeuls. Mais comment peut-on ſe tenir
ſeul & ſe faire en même tems des
Alliés ? Comment peut-on s'unir &

se séparer tout à la fois ? Si ce n'est pas-là se contredire, c'est du moins s'xpliquer fort mal.

L'imposition des tributs & la levée des impôts dans les trois Gouvernemens, sont aussi l'objet de la politique de l'Auteur. Il dit là-dessus, comme sur tout le reste, des choses admirables. Il y a en particulier un morceau digne de Juvenal contre les Fermiers & les Traitans. Je n'entreprendrai pas de réfuter son sentiment sur cette matiére ; un homme du métier l'a fait, dit-on, avec beaucoup de force ; mais l'ouvrage est fort rare, & quoique fait pour le Public, il n'a été vû jusqu'à présent que par un très-petit nombre d'amis particuliers, à qui, par un privilége spécial, on a bien voulu en procurer la lecture. Tout le monde sçait que l'Auteur est un homme d'un très-grand mérite ; il a écrit pour la défense de sa cause, & de celle d'une Compagnie riche, nombreuse & puissante. Un combat entre lui & l'Auteur de l'Esprit des Loix, seroit pour le moins aussi intéressant que celui d'Argant & de Tancréde.

Mais il est tems de délasser le lecteur ; il aime les belles choses, & il m'est fort aisé de lui en donner ; je n'ai qu'à prendre dans ce Livre les premieres qui se présentent.

» L'air de la Cour consiste à quit-
» ter sa grandeur propre pour une
» grandeur empruntée. Celle-ci flatte
» plus un Courtisan que la sienne
» même. Elle donne une certaine
» modestie superbe qui se répand au
» loin, mais dont l'orgueil diminue
» insensiblement, à proportion de la
» distance où l'on est de la source de
» cette grandeur.

» L'ambition dans l'oisiveté, la
» bassesse dans l'orgueil, le desir de
» s'enrichir sans travail, l'aversion
» pour la vérité, la flatterie, la tra-
» hison, la perfidie, l'abandon de
» tous ses engagemens, le mépris des
» devoirs du Citoyen, la crainte de
» la vertu du Prince, l'espérance de
» ses foiblesses, & plus que tout cela,
» le ridicule perpétuel jetté sur la
» vertu, font, je crois, le caractere
» de la plûpart des Courtisans, mar-
» qués dans tous les lieux & dans tous
» les tems.

„ Parmi nous il est impossible que
„ nous ayons jamais de regle dans
„ nos finances, parce que nous sça-
„ vons toujours que nous ferons quel-
„ que chose, & jamais ce que nous
„ ferons.

„ En Europe les Edits des Princes
„ affligent même avant qu'on les ait
„ vûs, parce qu'ils y parlent toujours
„ de leurs besoins, & jamais des
„ nôtres.

„ Comme les Monarques doivent
„ avoir de la sagesse pour augmen-
„ ter leur puissance, ils ne doivent
„ pas avoir moins de prudence afin
„ de la borner. En faisant cesser les
„ inconvéniens de la petitesse, il faut
„ qu'ils ayent toujours l'œil sur les
„ inconvéniens de la grandeur.

„ Les fleuves courent se mêler dans
„ la mer ; les Monarchies vont se per-
„ dre dans le despotisme.

„ Charles XII étant à Bender, trou-
„ vant quelque résistance dans le Sé-
„ nat de Suéde, écrivit qu'il leur en-
„ verroit une de ses bottes pour les
„ commander. Cette botte auroit gou-
„ verné comme un Roi despotique.

G v

„ Tel eſt l'état néceſſaire d'une
„ Monarchie conquérante ; un luxe
„ affreux dans la Capitale , la miſere
„ dans les Provinces qui s'en éloi-
„ gnent , l'abondance aux extrémités.
„ Il en eſt comme de notre Planette ;
„ le feu eſt au centre , la verdure à la
„ ſurface , une terre aride , froide &
„ ſtérile entre les deux.

„ Syracuſe eſſuya des malheurs que
„ la corruption ordinaire ne donne
„ pas. Cette Ville toujours dans la li-
„ cence ou dans l'oppreſſion , égale-
„ ment travaillée par ſa liberté & par
„ ſa ſervitude , recevant toujours l'une
„ & l'autre comme une tempête ,
„ avoit dans ſon ſein un peuple im-
„ menſe , qui n'eût jamais que cette
„ cruelle alternative , de ſe donner
„ un tyran , ou de l'être lui-même.

„ Il y a un lot pour chaque Pro-
„ feſſion. Le lot de ceux qui levent
„ les tributs eſt les richeſſes ; & les
„ récompenſes de ces richeſſes , ſont
„ les richeſſes mêmes. La gloire &
„ l'honneur ſont pour cette Nobleſſe
„ qui ne connoît , qui ne voit , qui ne
„ ſent de vrai bien que l'honneur &

» la gloire. Le respect & la considé-
» ration sont pour ces Ministres &
» ces Magistrats, qui ne trouvant
» que le travail après le travail, veil-
» lent nuit & jour pour le bonheur
» de l'Empire.

» On vit bien dans les tems passés
» des fortunes scandaleuses ; c'étoit
» une des calamités des guerres de
» cinquante ans : mais pour lors ces
» richesses furent regardées comme
» ridicules, & nous les admirons.

» Un Etat bien gouverné doit met-
» tre pour le premier article de sa
» dépense, une somme réglée pour
» les cas fortuits. Il en est du Public
» comme de particuliers, qui se rui-
» nent, lorsqu'ils dépensent exacte-
» ment les revenus de leurs terres.

» Un Prince à qui on demandoit
» pourquoi il ne bâtissoit point d'Hô-
» pitaux dans ses Etats, dit : Je ren-
» drai mon Empire si riche, qu'il
» n'aura pas besoin d'Hôpitaux. Il
» auroit fallu dire : je commencerai
» par rendre mon Empire riche, &
» je bâtirai des Hôpitaux.

» A Rome, les Hôpitaux font que

» tout le monde eſt à ſon aiſe , ex-
» cepté ceux qui travaillent , excepté
» ceux qui ont de l'induſtrie , ex-
» cepté ceux qui cultivent les arts ,
» excepté ceux qui ont des terres ,
» excepté ceux qui font le commerce.

Finiſſons cet article , & voyons quel rapport a le climat avec les differens gouvernemens. Comme il y a des gouvernemens de trois ſortes , le Républicain , le Monarchique , l'arbitraire , on diſtingue pareillement trois ſortes de climats , le froid , le chaud & le temperé. Pour trois ſortes de raiſons auſſi , dont les unes ſont bonnes , les autres mauvai-ſes , les autres douteuſes , l'Auteur prétend que la forme du gouverne-ment dépend toujours de la nature du climat : que les pays froids , par exem-ple , conviennent mieux au gouver-nement modéré , & que la chaleur des pays d'Orient s'accorde davan-tage avec le gouvernement arbitraire. Voyons quelles ſont ſes raiſons. Je commence par les mauvaiſes.

L'air froid reſſerre les extrémité des fibres , augmente leur reſſort donne au corps plus de force, & à l'ame plus de courage. Le courage conduit à l'indépendance, l'indépendance au gouvernement le plus libre, le gouvernement le plus libre, c'eft le gouvernement moderé ; donc le gouvernement moderé s'accorde mieux avec les pays froids.

Auffi l'Auteur appelle-t-il le Nord de l'Europe, » la fabrique des inftru-
» mens qui brifent les fers forgés au
» midy. C'eft-là, dit-il, que fe for-
» ment ces nations vaillantes qui for-
» tent de leurs pays pour détruire les
» tyrans & les efclaves, & apprendre
» aux hommes que la nature les ayant
» fait égaux, la raifon n'a pu les ren-
» dre dépendans que pour leur bon-
» heur. » Je ne puis m'empêcher de me récrier ici avec une admiration mêlée d'extafe, ah ! que ces paroles font belles, qu'elles font admirables ! elles font divines. Quel dommage de les faire fervir de conféquence à un faux principe ! mais achevons le rai-fonnement de l'Auteur.

L'air chaud relâche les extrémités des fibres, affoiblit leur reffort, di-

minue les forces, & cauſe au cœur
une défaillance. Cette défaillance
produit la timidité, la timidité mene
à la dépendance, la dépendance à la
ſervitude, la ſervitude au gouvernement arbitraire ; donc le gouvernement arbitraire s'accommode d'avantage des pays chauds.

» Il ne faut donc pas être étonné,
» conclut l'Auteur, que le courage
» des peuples des climats froids les
» ait maintenus libres, & que la
» lacheté des peuples des climats
» chauds, les ait preſque toujours
» rendus eſclaves. C'eſt un effet qui
» dérive de ſa cauſe naturelle.

Je crois avoir ſuffiſamment démon-
tré ailleurs, que le chaud ou le froid
ne ſont point la cauſe naturelle de la
lacheté ou du courage ; ce n'eſt donc
ni le froid ni le chaud qui produit la
liberté ou la ſervitude ; ce n'eſt donc
ni l'un ni l'autre non plus, qui introduit dans un Etat le gouvernement
moderé ou le deſpotique. Eh ! quoi,
le climat de Moſcovie eſt-il donc
auſſi chaud que celui de Sparte &
d'Athénes ? Cependant le Czar eſt un

despote dans ses Etats, & ces deux dernieres villes étoient des Républiques. La Botte de Charles XII. auroit gouverné à Stokolm comme un Prince despotique ; & Denys avec tout son esprit, son industrie, ses forces, ses richesses, sa politique, n'a jamais pû se maintenir sur le Thrône de Syracuse. Il fait pourtant bien froid en Suede, & bien chaud en Sicile ; preuve évidente, que ce n'est ni le froid ni le chaud qui décide de la forme du gouvernement ; ou, si le climat y fait quelque chose, ce n'est pas du moins pour la raison que l'Auteur en apporte. En voici une autre, & il me paroît que c'est la bonne.

Selon qu'un pays est plus ou moins étendu, plus ou moins fertile, il est aussi plus ou moins propre au gouvernement despotique, il convient plus ou moins au gouvernement modéré. En Asie, par exemple, il y a de plus grandes plaines qu'en Europe, elle est coupée en plus grands morceaux par les montagnes & par les mers. Comme elle est plus au midi, les sources y sont aussi plus aisément ta-

ries, les montagnes moins couvertes
de neige, & les fleuves moins groſſis
y forment de moindres barrieres. Il
doit donc y avoir par conſéquent de
plus grands Empires qu'en Europe ; &
les grands Empires ſuppoſent une autorité deſpotique dans ceux qui les
gouvernent. Car » il faut que la
» promptitude des réſolutions ſup-
» plée à la diſtance des lieux où elles
» ſont envoyées ; que la crainte em-
» pêche la négligence du Gouverneur
» ou du Magiſtrat éloigné ; que la loi
» ſoit dans une ſeule tête, & qu'elle
» change ſans ceſſe, comme les acci-
» dens, qui ſe multiplient toujours
» dans l'Etat, à proportion de ſa
» grandeur.

L'Afrique eſt dans un climat pareil
à celui du Midy de l'Aſie, elle doit
donc être auſſi dans une même ſervitude ; ſans cela il ſe feroit d'abord un
partage que la nature du pays ne
peut ſouffrir.

En Amérique les petits peuples
barbares qui demeurent dans les
montagnes, ceux qui habitent dans
les iſles & ſur le rivage de la mer »

ont toujours été plus difficiles à sou-
mettre, plus ennemis de la servitude, que les grands Empires du Mé-
xique & du Pérou.

En Europe les fleuves, les montagnes & la mer forment plusieurs Etats
d'une médiocre étendue, & parlà,
très-propres à former eux-mêmes des
Monarchies ou des Républiques. Le
gouvernement des loix n'y est pas
incompatible avec le maintien de
l'Etat ; & c'est-là ce qui a toujours
conservé ce génie d'indépendance qui
rend cette plus petite partie du monde plus difficile à être subjuguée, &
plus jalouse de sa liberté que les trois
autres.

La bonté ou la stérilité des terres
d'un pays font encore une autre cause
naturelle de la liberté ou de la servitude politique. Une campagne qui
regorge de biens, craint le pillage,
elle craint une armée ; ceux qui la
cultivent cherchent moins à donner
une autre forme au gouvernement,
qu'à jouir en paix de leur bien ; ils
font plus occupés de leur tranquillité
particuliere, que de la liberté publi-

que ; ils fongent d'avantage à leurs propres affaires, qu'à celles de l'Etat.

D'ailleurs les pays les plus fertiles font ordinairement des plaines, où l'on ne peut rien difputer au plus fort : on fe foumet donc à lui, & quand une fois on lui eft foumis, on perd fa liberté pour toujours. On ne pourroit la conferver que par la perte de fes biens ; & l'on prefere prefque toujours les biens à la liberté, furtout à la liberté politique. Les richeffes de la campagne font donc, pour le defpote, un gage de la fidelité de fes fujets, & pour les peuples, la caufe de leur fervitude.

Au contraire, lorfque les terres font ftériles, la liberté eft le feul bien dont on jouit; on eft auffi plus foigneux de la conferver. Elle regne donc plus dans les pays difficiles, que dans ceux que la nature femble plus avoir favorifés. Dans les montagnes, par exemple, on conferve un gouvernement plus modéré, parce qu'elles ne font pas fi fort expofées à la conquête. Les peuples s'y défendent plus aifément, on les attaque plus difficilement ; les

armées n'y trouvent pas de quoi subsister. Il est donc moins aisé de leur
faire la guerre, plus dangereux de
l'entreprendre, peu utile & presque
impossible de les vaincre. C'est pour
cela, conclut l'Auteur, que le gouvernement d'un seul se trouve plus
souvent dans les pays fertiles, & le
gouvernement de plusieurs dans les
pays qui ne le font pas. C'est pour
cela que la stérilité du terrein de l'Attique y établit le gouvernement populaire, & la fertilité de celui de
Lacédémone, le gouvernement Ari-
stocratique, qui approche le plus du
gouvernement d'un seul. C'est pour
cela qu'Athénes étant retombée dans
ses anciennes dissentions, & s'étant
divisée en autant de partis, qu'il y
avoit de sortes de territoires dans le
pays de l'Attique, les gens de la montagne vouloient à toute force le gouvernement populaire ; ceux de la
plaine demandoient le gouvernement
des principaux ; ceux qui étoient près
de la mer étoient pour un gouvernement mêlé des deux.

Ce que la nature refuse aux hom-

mes dans les climats ſtériles, ils tâchent de ſe le procurer par le travail.
Ce travail les rend ſobres, indu-
ſtrieux, forts, vigoureux, pleins de
courage. Des gens de ce caractere dé-
teſtent juſqu'à l'ombre de la ſervitude. Accoutumés à vaincre la nature
elle-même, ils n'imaginent pas que
perſonne oſe entreprendre de les ſub-
juguer. Tout autre pouvoir que celui
des loix leur eſt odieux ; ils ſont donc
bien éloignés de ſe ſoumettre à la
puiſſance arbitraire, & de former un
gouvernement deſpotique.

Il y a des climats ſi riches par eux-
mêmes, ſi abondans, ſi fertiles, que
ſans beaucoup de travail, on s'y pro-
cure aiſément toutes les choſes néceſſaires. Dans ces pays les hommes
contractent une certaine pareſſe naturelle qui les rend lâches, efféminés,
ſans force, ſans vertu, ſans courage.
Avec ces défauts on eſt bien près de
la ſervitude, & la ſervitude n'eſt pas
éloigné du gouvernement deſpotique.

Il y a d'autres climats où les terres
reſtent incultes, ſoit qu'elles ſoient
ſtériles de leur nature, ſoit que les

peuples qui les habitent ne veuillent
point se donner la peine de les cultiver. Il est clair que ces peuples doivent jouir d'une grande indépendance : car comme ils ne cultivent pas les
terres, ils n'y sont point attachés ; ils
sont errans, vagabonds, & si un chef
vouloit entreprendre de leur ôter leur
liberté, ils le quitteroient, & se reti-
reroient dans les bois pour y vivre
tranquilles avec leur famille. On ne
peut donc point établir l'autorité arbitraire dans des pays où les hommes
ne vivent que de leur chasse, ou du
produit de leurs troupeaux, dans des
pays où les terres sont incultes.

D'ailleurs ces peuples ne peuvent
jamais former une grande nation. Car
„ s'ils sont pasteurs, ils ont besoin
„ d'un grand pays pour qu'ils puissent
„ subsister en certain nombre. S'ils
„ sont chasseurs, ils sont encore en
„ un plus petit nombre, & forment
„ pour vivre une plus petite nation.
„ Outre cela, leur pays est ordinaire-
„ ment plein de forêts ; & comme les
„ hommes n'y ont point donné de
„ cours aux eaux, il est rempli de maré-

,, cages , où chaque troupe se can-
,, tonne , & forme une petite nation.
Or une petite nation , comme on l'a
déja dit , n'est point propre à faire un
Etat despotique. Le Gouvernement
monarchique ne sçauroit non plus s'y
établir , puisque tous les hommes y
sont égaux. Le Républicain voudroit
y faire des Loix , & l'on ne veut reconnoître parmi ces peuples , que
celles de la nature. Chez eux la liberté de l'homme est si grande , qu'il
est presqu'impossible d'en faire des
Citoyens ; aussi n'y voit-on que des
sauvages qui y vivent dans un excés
d'indépendance , comme dans les
pays despotiques on n'apperçoit que
des esclaves qui y souffrent l'excès
de la servitude.

Mais ce qu'il y a de singulier , dans
les principes de l'Auteur , c'est que la
même cause qui soumet les peuples
en général à la puissance arbitraire , les
souftrait en même tems à ce pouvoir ;
ce qui multiplie les esclaves, augmente aussi le nombre des hommes libres ; ce qui introduit dans certains
pays les Etats despotiques , forme

dans d'autres, les Nations indépen-
dantes ; je veux dire la fertilité des
terres. ,, En Amérique, dit l'Auteur,
,, la terre produit d'elle-même beau-
,, coup de fruits dont on peut fe nour-
,, rir ; la chaffe & la pêche achevent de
,, mettre les hommes dans l'abondan-
,, ce. De plus, les animaux qui paif-
,, fent réuffiffent mieux que les bêtes
,, carnacieres. ,, Il devoit donc conclure, que l'Amérique eft un pays propre au defpotifme, puifqu'on y jouit
d'une fi grande fertilité. Point du tout,
il raifonne à préfent d'une autre maniere: ce pays eft extrémement fertile,
,, c'eft ce qui fait, dit-il, qu'il y a tant
,, de Nations fauvages. ,, C'eft-à-dire,
de Nations libres. La fertilité des terres eft ici comme ces nuages où l'on
voit tout ce qu'on veut.

Il y a encore une autre raifon qui
fait dépendre la forme du Gouvernement de la nature du climat. Elle ne
m'a pas perfuadé, mais je fens qu'elle
peut faire impreffion fur d'autres. La
voici.

Dans les pays chauds il eft néceffaire de retenir les femmes dans une

eſpéce d'eſclavage domeſtique ; c'eſt
ce que l'Auteur a tâché de prouver
ailleurs. Cet eſclavage ne ſçauroit
convenir au Gouvernement Républicain, où la condition des Citoyens
eſt bornée, égale, douce, moderée,
& où tout doit ſe reſſentir de la liberté publique ; le Gouvernement Républicain ne peut donc pas s'accorder
avec les pays chauds. Au contraire,
la ſervitude des femmes eſt très-con-
forme au Gouvernement deſpotique ;
c'eſt donc dans les pays où les femmes ſont eſclaves, c'eſt-à-dire, dans
les pays chauds, qu'on doit mieux
s'accommoder de ce Gouvernement.

Voilà tout ce que j'ai pû ramaſſer
de côté & d'autre dans cet Ouvrage
au ſujet de la politique. Ce Livre eſt
comme un amas de pluſieurs riches
métaux fondus enſemble, & qui en
forment une maſſe précieuſe, mais in-
forme. Semblable à un Chimiſte, j'ai
ſéparé toutes ces matiéres, & j'ai tâché de les mettre chacune dans la
place qui leur convient.

ARTICLE

ARTICLE IV.

LA JURISPRUDENCE ET LE COMMERCE,

Considérés par rapport au Gouvernement & au Climat.

JE renferme dans le même Article deux sujets différens, la Jurisprudence & le Commerce, & je ne veux pas m'étendre beaucoup sur chacun en particulier.

La Jurisprudence varie, selon les Gouvernemens & les Climats; j'exposerai ici en abregé le sentiment de l'Auteur sur cette matiere. Il souffrira peu de contradictions; on sent que cette partie de son Livre est celle qu'il entend le mieux. Ce n'est pas celle où il y a le plus d'ordre; mais c'est mon affaire d'y en mettre; c'est la charge que je me suis imposée dès le commencement de cet Extrait; & voici la marche que je veux observer.

Je parlerai de la maniere de rendre la Justice dans les divers Gouvernemens; de la quantité des Loix, du

H

nombre & de la qualité des Juges, &
de quelques Loix particulieres.

1°. De la maniere de rendre la Juftice. Dans les Etats modérés, dans les
Républiques & dans les Monarchies,
on fait beaucoup de cas de l'honneur,
de la fortune, de la vie & de la liberté
des Citoyens ; de-là vient qu'on y rend
la Juſtice avec plus de lenteur, qu'on
y obſerve plus de formalités que dans
les Etats deſpotiques. » On entend
» dire ſans ceſſe qu'il faudroit que la
» Juſtice fut rendue partout comme
» en Turquie ; mais ſi vous examinez
» les formalités de la Juſtice par rap-
» port à la peine qu'a un Citoyen à ſe
» faire rendre ſon bien, ou à obtenir
» ſatisfaction de quelque outrage, vous
» en trouverez ſans doute trop ; ſi vous
» les regardez dans le rapport qu'elles
» ont avec la liberté & la ſûreté des Ci-
» toyens, vous en trouverez ſouvent
» trop peu ; & vous verrez que les pei-
» nes, les dépenſes, les longueurs,
» les dangers mêmes de la Juſtice, ſont
» le prix que chaque Citoyen donne
» pour ſa liberté «. *Il eſt vrai*, diroit à
» cela Criſpin rival de ſon Maître, *que*

la Justice est une si belle chose, qu'on ne sçauroit trop l'acheter.

Un Gouvernement qui ne se soutient que par la crainte, comme le Gouvernement despotique, seroit exposé à de fréquentes révolutions, si l'on n'avoit un grand soin d'en bannir la haine, les divisions, les animosités, la vengeance, & par conséquent les Plaideurs ; aussi la maniere de finir les Procès est fort indifférente en Turquie, pourvû qu'on les finisse bien-tôt. » Le Bacha d'abord » éclairci fait distribuer à sa fantaisie » des coups de bâton sur la plante des » pieds des Plaideurs, & les renvoye » chez eux «. Si on en usoit ainsi dans tous les autres Gouvernemens, chacun vivroit tranquille ; on ne songeroit point à défendre son bien par la chicane, parce que personne n'employeroit la chicane pour avoir le bien d'autrui.

Dans les Républiques la maniere de rendre la Justice est plus fixe que dans les Monarchies. Dans celles-ci on consulte la Loi, & si la Loi ne décide pas d'une maniere précise, on en cherche l'esprit, & les Juges l'interprêtent. Au lieu que dans le Gouvernement Républicain, il faut suivre la Loi à la Lettre ; parce que, dit l'Auteur, il n'y a point de Citoyen contre qui on puisse interpréter une Loi, quand il s'agit de ses biens, de son honneur ou de sa vie. Cela supposé il y a bien des affaires qui ne peuvent jamais être terminées dans les Républiques ; car il y a une infinité de cas particuliers sur lesquels il n'y a point de Loi précise, & qui doivent par conséquent demeurer indécis. On sent que dans les Pays despotiques la Loi est toujours décisive ; elle n'est autre chose que la volonté du Juge.

2°. De la quantité des Loix. Il y a dans les Monarchies des rangs, des conditions, des états différens, qui demandent aussi chacun des Réglemens, des Loix différentes. Où il y a des distinctions entre les personnes, il faut qu'il y ait aussi des priviléges ; & ces priviléges forment mille exceptions, qui font autant de Loix particulieres. Il ne faut donc pas s'étonner de la quantité prodigieuse de Régle-

mens & d'Ordonnances qui compo-
fent dans ces Etats, ce qu'on appelle le
dépôt des Loix.

Dans les Républiques il n'y a aucune diftinction de rang parmi les Citoyens ; les Loix doivent donc y être
moins multipliées que dans les Monarchies. Les peuples des Etats defpotiques font dans un cas bien différent encore ; » je ne fçais fur quoi, dans ces
» Pays-là, le Légiflateur pourroit fta-
» tuer, ou le Magiftrat juger.

» Il fuit de ce que les terres appar-
» tiennent au Prince, qu'il n'y a pref-
» que point de Loix Civiles fur la pro-
» priété des terres.

» Il fuit du droit que le Souverain
» a de fuccéder, qu'il n'y en a point non
» plus fur les fucceffions.

» Le négoce exclufif qu'il fait dans
» quelque Pays, rend inutiles toutes
» fortes de Loix fur le commerce.

» Les Mariages que l'on y contracte
» avec des filles efclaves, font qu'il n'y
» a guére de Loix Civiles fur les dots
» & fur les avantages des femmes.

» Il réfulte encore de cette prodi-
» gieufe multitude d'efclaves, qu'il

» n'y a presque point de gens qui ayent
» une volonté propre , & qui par con-
» séquent doivent répondre de leur
» conduite devant un Juge.

» La plûpart des actions morales qui
» ne sont que les volontés du pere , du
» mari, du maître , se reglent par eux
» & non par les Magistrats.

» Toutes les affaires qui regardent
» l'honneur, qui est un si grand chapi-
» tre parmi nous , n'y ont point de lieu.
» Le despotisme se suffit à lui-même ;
» tout est vuide autour de lui. Aussi
» lorsque les Voyageurs nous décrivent
» les Pays où il regne, rarement nous
» parlent-ils de Loix Civiles.

3°. Du nombre & de la qualité des
Juges. Dans les Etats despotiques le
Prince peut juger lui-même ; dans les
Monarchies , cette fonction regarde
les Magistrats ; dans les Républiques
elle appartient au Peuple. C'est cependant un grand inconvénient que le peuple juge lui même ses offenses ; mais
voici l'expédient que l'Auteur propose
pour y remédier ; il veut qu'on fasse ce
que Solon fit à Athenes : pour prévenir
l'abus que le Peuple pourroit faire de

la puissance dans le Jugement des crimes ; il veut qu'on établisse un Tribunal, où l'affaire soit portée & revûe
par des Magistrats. S'ils croyent l'Ac-
cusé injustement absous, ils l'accusent
de nouveau devant le Peuple ; s'ils le
croyent injustement condamné, ils ar-
rêtent l'exécution, & font juger l'affaire tout de nouveau.

Si dans les Monarchies le Prince ju-
geoit lui-même les affaires des particuliers, » la Constitution seroit dé-
» truite ; les pouvoirs intermédiaires
» dépendans, anéantis ; on verroit
» cesser toutes les formalités des Juge-
» mens ; la crainte s'empareroit de
» tous les esprits ; on verroit la pâleur
» sur tous les visages ; plus de confian-
» ce, plus d'honneur, plus d'amour,
» plus de sûreté, plus de Monarchie ».

Cette peinture est bien différente
de celle que nous font tous nos Historiens, quand ils nous représentent
S. Louis sur un Trône de gazon, &
sous un Dais de feuillage, rendant la
Justice à ses Peuples. On venoit avec
joye & avec confiance plaider soi-même sa cause à ce champêtre, mais au-

H iiij

gufte Tribunal. Le Monarque équita-
ble renvoyoit tout le monde fatisfait
de la juftice de fes décifions ; chacun
publioit à l'envi les louanges de fon Juge, & ceux mêmes pour qui il avoit
été le moins favorable, n'étoient pas
moins empreffés que les autres à le
combler de leurs éloges. On n'enten-
doit alors ni plaintes, ni murmures contre l'équité de fes Jugemens ; on ne difoit point, comme aujourd'hui :

> * Eft-il raifon fi bonne,
>
> Que l'argent ne renverfe, auffi-tôt qu'on en
>   donne ?
>
> Et fur le meilleur droit peut-on rien em-
>   porter,
>
> Qu'autant qu'on trouve l'art de bien folli-
>   citer ?
>
> Qu'à mes prétentions une femme s'oppofe,
>
> Qu'elle s'en méle ; adieu l'équité de ma
>   caufe.
>
> D'ailleurs, il faudra croire un Procureur
>   fans foi,
>
> Qui fçaura fur des riens chicanner malgré
>   moi ;
>
> Qui de fauffes raifons m'accablant les oreil-
>   les,

* Hauteroche.

Sur cent formalités promettra des merveil-
   les,
Et qui, pour me piller trouvera le moyen
De prolonger vingt ans une affaire de rien.

Je n'insisterai pas sur la différence
qu'il y a entre ces deux manieres de
rendre la Justice ; on sent trop de quel
côté seroit l'avantage ; cependant, pour
de très-bonnes raisons, on en revien-
dra toujours au sentiment de l'Auteur.
Les principales sont : que » dans les
» Etats Monarchiques, le Prince est la
» partie qui poursuit les Accusés, &
» les fait punir ou absoudre. S'il ju-
» geoit lui-même, il seroit le Juge &
» la Partie. De plus, il perdroit le plus
» bel attribut de sa Souveraineté, qui
» est celui de faire grace. Il seroit in-
» sensé qu'il fit & défit ses Jugemens ;
» il ne voudroit pas être en contradic-
» tion avec lui-même. Outre que cela
» confondroit toutes les idées ; on ne
» sçauroit si un homme seroit absous,
» ou s'il recevroit sa grace. Les Juge-
» mens rendus par le Prince, seroient
» d'ailleurs une source intarrissable
» d'injustices & d'abus. Les courtisans

» extorqueroient par leurs importuni-
» tés, ses Jugemens. Quelques Empe-
» reurs Romains eurent la fureur de
» juger; nuls Regnes n'étonnerent plus
» l'Univers par leurs injustices.

L'Auteur regarde encore comme un grand inconvénient dans une Monarchie, que les Ministres du Prince jugent eux-mêmes les affaires contentieuses; par la raison tirée de Machiavel que les Ministres ne pouvant être qu'en très-petit nombre, *peu sont corrompus par peu*. Il suit de-là, à plus forte raison, qu'on ne doit point souffrir un Magistrat unique dans un Etat, à cause de l'abus énorme qu'il feroit de son pouvoir, quand une fois il se seroit laissé corrompre.

4°. De quelques Loix particulieres. Je n'entrerai pas dans un long détail; les loix sont si multipliées, qu'on ne finiroit point, si on vouloit les rapporter toutes. C'est ici la partie la plus étendue de l'Ouvrage dont je rends compte; mais ce n'est pas la plus intéressante pour la plûpart des Lecteurs. Je ne ferai donc, en parcourant ce Livre, que m'arrêter aux endroits qui me paroîtront les plus curieux.

Le premier, sur lequel je tombe, regarde les Loix du Mariage : une des principales parmi nous, c'est qu'un mari ne puisse avoir qu'une femme, & qu'une femme n'ait qu'un mari. Il y a d'autres Pays où il est permis d'avoir autant de femmes qu'on en peut nourrir, & d'autres enfin où plusieurs hommes peuvent être les maris d'une seule femme. Tout cela, dit l'Auteur, *est une affaire de calcul*, & dépend de la nature du climat où ces différentes Loix sont établies. Par exemple, dans les Pays où il naît autant de garçons que de filles, il est clair que la Poligamie doit être défendue, sans cela, tandis qu'un homme auroit plusieurs femmes, les autres feroient obligés de s'en passer, ce qui feroit contre l'ordre. C'est donc une très-bonne Loi dans ces Pays-là, de réduire chaque homme à une femme seulement.

» Suivant les calculs que l'on fait en » divers endroits de l'Europe, il y naît » plus de garçons que de filles ; au con- » traire, les relations de l'Asie nous » disent qu'il y naît beaucoup plus de

» filles que de garçons. La Loi d'une
» seule femme en Europe, & celle qui
» en permet plusieurs en Asie, ont
» donc un certain rapport avec le cli-
» mat.

Les climats froids de l'Asie produi-
sent plus de garçons que de filles ; aussi
dans ces Pays-là les femmes ont-elles
le privilége d'avoir plusieurs maris,
tandis que la Loi ne permet aux hommes qu'une seule femme.

La même chose se pratique sur la
côte du Malabar, mais pour une autre
raison. » Les Naïres sont la caste des
» Nobles, qui sont les Soldats de toutes
» ces Nations. En Europe on empêche
» les Soldats de se marier ; dans le Ma-
» labar où le climat exige davantage,
» on s'est contenté de leur rendre le
» mariage aussi peu embarrassant qu'il
» est possible ; on a donné une femme
» à plusieurs hommes ; ce qui diminue
» d'autant l'attachement pour une fa-
» mille & les soins du ménage ; & laisse
» à ces gens l'esprit militaire.

Les Loix qui reglent la continence
publique dépendent autant du climat,

que celles qui concernent le Mariage. Ces Loix, selon l'Auteur, ne peuvent être par tout les mêmes, parce qu'elles doivent toujours avoir un certain rapport avec la façon de penser de chaque Peuple, & que, dans son sentiment encore, cette façon de penser differe selon les climats. Dans les Pays froids, par exemple, où les passions sont plus calmes, l'imagination plus lente, il y a mille choses qu'on ne regarde pas comme fort dangereuses pour les mœurs, & qui, dans des Pays où la chaleur du climat rend l'imagination plus vive, passeroient pour de grands crimes, c'est à quoi les Loix doivent avoir égard ; & c'est aussi ce que l'Auteur a remarqué de nos peres, les Anciens Germains. Ils habitoient un Pays froid, & où par-conséquent les passions étoient tranquilles. »Leurs Loix ne trouvoient dans

» les choses que ce qu'elles voyoient,
» & n'imaginoient rien de plus ; &
» comme elles jugeoient des insultes
» faites aux hommes par la grandeur
» des blessures, elles ne mettoient pas
» plus de rafinement dans les offenses
» faites aux femmes. La Loi des Alle-

» mands est là-dessus fort singuliere. Si
» l'on découvre une femme à la tête,
» on payera une amende de dix sols;
» autant si c'est à la jambe jusqu'au ge-
» nou ; le double depuis le genou. Il
» semble que la Loi mesuroit les outra-
» ges faits à la personne des femmes,
» comme on mesure une figure de Géo-
» métrie ; elle ne punissoit point le cri-
» me de l'imagination, elle punissoit
» celui des yeux ». Ces mêmes Peuples vinrent ensuite respirer un air
plus chaud dans les climats d'Espagne
sous le nom de Visigots ; la chaleur du
Pays leur mit le sang en mouvement,
leurs passions acquirent plus de vivacité, leur imagination s'alluma ; celles
des Légiflateurs s'échauffa de même,
jusques-là qu'ils firent une Loi qui dé-
fendoit aux Médecins de saigner une
femme, à moins que ce ne fût en préfence de son pere, de sa mere, ou de
quelques-uns de ses parens.

Je pourrois encore rapporter ici une
infinité d'autres Loix que je trouve dif-
persées çà & là dans ce Livre fur quantité de points différens ; mais je sens
qu'il est tems de finir un Extrait que

bien des gens ne trouveront déja que
trop long , & que j'aurois dû peut-être
abreger de moitié. Plusieurs personnes
m'ont blâmé d'avoir si fort insisté sur
cette critique , & de m'être un peu trop
appliqué à faire connoître des défauts
dont on ne s'étoit presque point apper-
çû. Vous deviez , m'a-t'on dit, ménager un peu plus un Ouvrage,dont l'Auteur est un homme d'un mérite si distin-
gué ; un homme aimé & estimé de tout
le monde , & dont on ne sçauroit dire
trop de bien. Je ne sçavois pas que la
qualité d'honnête homme , d'homme
aimable dans un Ecrivain , dût mettre
ses Ecrits à l'abri de la critique. Il suit
de-là , que toutes les fois que l'on critique un Ouvrage , on donne atteinte
à la probité & à la réputation de celui
qui en est l'Auteur. Cela n'est-il pas
pitoyable ? J'avoue que si j'avois entre-
pris de rendre compte des qualités esti-
mables de M. de M. un Livre entier ,
quelque gros qu'il eût été , n'auroit pas
suffi , pour en parler d'une maniere qui
ne laissât rien à desirer au Public ; personne ne pousse plus loin que moi la
juste admiration que son mérite per-

fonnel & fes ingénieux Ecrits ont inf-
pirée à toute l'Europe. J'ai fait voir à
chaque page de cet Extrait ma façon
de penfer à cet égard ; & malgré tous
les défauts que je reprends dans l'Ouvrage dont je rends compte ; j'ofe dire
néanmoins que perfonne n'en a mieux
fait fentir les beautés ; & que tout ce
qu'il y a de meilleur dans tout le Livre,
fe trouve exactement renfermé dans
cette brochure. C'eft la Juftice toute
pure , & non les qualités de l'Auteur,
qui m'a engagé à en ufer de la forte ;
comme ces mêmes qualités ne m'ont
pas non plus fermé les yeux fur ce que
j'ai trouvé de répréhenfible dans cet
Ouvrage. Mais finiffons & voyons quel
rapport a le Commerce avec le Climat
& le Gouvernement.

On diftingue dans ce Livre deux
fortes de Commerce ; l'un eft fondé
fur le luxe , & l'autre fur l'économie.
Le premier a pour objet unique de procurer à la Nation qui le fait, tout ce
qui peut fervir à fon orgueil , à fes délices & à fes fantaifies. Le fecond , au
contraire , fe contente de tirer d'une
Nation de quoi fournir aux befoins
d'une autre.

L'Auteur prétend que le Commerce fondé fur le luxe convient plus particuliérement au Gouvernement Monarchique ; au lieu que le Gouvernement Républicain, felon lui, s'accorde davantage avec le Commerce d'économie.

On a vû dans l'Article fecond de cet extrait, que l'Auteur de l'efprit des Loix regarde le luxe comme une chofe auffi néceffaire dans les Monarchies, qu'il le croit pernicieux dans les Républiques. Il n'eft donc pas étonnant, qu'il admette dans le premier de ces deux Gouvernemens, & qu'il rejette de l'autre un Commerce, dont le luxe eft la bafe. Mais comme j'ai fait voir auffi dans le même endroit, que fes principes font fort douteux, je n'infifterai pas davantage fur l'incertitude des conféquences qu'il en tire.

Voici une autre raifon qu'il apporte, pour prouver que dans un Etat Monarchique, on ne peut point faire le Commerce d'économie. » Comme ce Com- » merce n'eft fondé que fur la pratique » de gagner peu, & même de gagner » moins qu'aucune autre Nation, &

» de ne se dédommager qu'en gagnant
» continuellement , il n'est guére possi-
» ble qu'il puisse être fait par un Peu-
» ple chez qui le luxe est établi , qui
» dépense beaucoup , & qui ne ne voit
» que de grands objets. En effet il fau-
» droit supposer que chaque particu-
» lier dans cet Etat , & tout l'Etat mê-
» me eûssent toujours la tête pleine de
» grands projets , & cette même tête
» remplie de petits , ce qui est contra-
» dictoire.

Cette raison est bien singuliere ! Et
l'on demande à M. de M. pourquoi il
faudroit supposer pareille chose: Quoi ,
dans une Monarchie où il y aura vingt
millions d'Habitans , par exemple , il
ne s'en trouvera pas assez pour faire le
Commerce d'économie & celui du luxe en même tems ? Il ne pourra pas arriver que les uns se contentent de gagner peu , tandis que d'autres cherche-
ront à gagner davantage ; que ceux-ci
forment de grandes entreprises , tandis
que les autres ne seront occupés que de
petits objets ? Et il sera nécessaire enfin
que chaque particulier ait la tête pleine
de grandes & de petites choses tout à

la fois ? Cela ne se conçoit pas. D'ailleur où l'Auteur a-t'il pris que le Commerce de luxe demande de plus grandes entreprises que l'autre ? Ce n'est pas la qualité des marchandises, c'est leur quantité qui fait les plus grands projets ; & un Négociant qui entreprendroit de fournir à une Nation toutes les choses nécessaires à la vie, formeroit une plus grande entreprise, que celui qui ne lui procureroit qu'une partie de ce qui peut contribuer à ses plaisirs, à ses fantaisies, à son orgueil. En un mot celui qui feroit le Commerce d'économie, dans cette supposition, seroit occupé de plus grands objets, que l'autre qui feroit le Commerce de luxe.

De tout ceci je conclus que le Commerce d'économie appartient autant aux Monarchies qu'aux Républiques ; & que l'Auteur voit des contradictions où il n'y en a point. Mais moi j'en trouve une bien sensible dans les paroles qui suivent, comparées avec celles que je viens de citer.

» Ce n'est pas, dit M. de M. que dans
» ces Etats qui subsistent par le Com-

» merce d'économie, on ne faſſe auſſ
» les plus grandes entrepriſes, & qu
» l'on n'y ait une hardieſſe, qui ne ſe
» trouve pas dans les Monarchies. En
» voici la raiſon. Un Commerce mène
» à l'autre ; le petit au médiocre, le
» médiocre au grand, & celui qui a eû
» tant d'envie de gagner peu, ſe met
» dans une ſituation, où il n'en a pas
» moins de gagner beaucoup. De plus,
» les grandes entrepriſes des Négo-
» cians ſont toujours néceſſairement
» mêlées avec les affaires publiques.
» Mais dans les Monarchies les af-
» faires publiques ſont auſſi ſuſpec-
» tes aux Marchands qu'elles leur pa-
» roiſſent ſûres dans les Etats libres.
» *Les grandes entrepriſes de Commerce ne*
» *ſont donc pas pour les Monarchies, mais*
» *pour les Etats Républicains* «. Ainſi,
ſelon l'Auteur de l'Eſprit des Loix,
tantôt l'Etat Républicain eſt le plus
propre à faire le Commerce d'économie, & on n'y a pas la tête remplie de
ſi grands projets que dans les Etats Monarchiques ; & tantôt les grandes entrepriſes de Commerce ne ſont pas
pour les Monarchies, mais pour les

Républiques. Peut - on se contredire plus manifestement, & cela dans la même page ? Un homme qui dit que le luxe est la perte des Républiques, & le soutien des Monarchies; & qui ajoute que le Commerce fondé sur le luxe demande de plus grandes entreprises que le Commerce d'économie, devroit conclure, ce me semble, que les grandes entreprises de Commerce sont plûtôt pour les Etats Monarchiques, que pour les Républicains ; mais il fait tout le contraire actuellement ; & sans se souvenir des principes qu'il avoit posés d'abord, il en établit d'autres, d'où il tire une conséquence contradictoirement opposée aux premiers.

Mais quels sont ces autres principes qu'il établit ? C'est, dit-il, que la ,, plus ,, grande certitude de sa propriété que ,, l'on croit avoir dans les Etats Répu- ,, blicains, fait tout entreprendre, & ,, parce que l'on est sûr de ce que l'on a ,, acquis, on ose l'exposer pour acque- ,, rir davantage. On ne court de risque, ,, que sur les moyens d'acquerir.

Je laisse aux Lecteurs à juger si ceux qui font le Commerce en France, en

Angleterre, en Suede, en Dannemark, y font moins aſſurés de la propriété de leurs biens, que s'ils étoien
à Genes ou à Veniſe;& ſi c'eſt la craint
de perdre ce que l'on gagne, qui empêche qu'on ne faſſe de ſi grandes entrepriſes en Eſpagne qu'en Hollande.
Je conviens, avec l'Auteur, que dans
les Etats deſpotiques, où le Prince eſt
Maître des biens de ſes Sujets, il y auroit à craindre que les richeſſes des particuliers ne fuſſent bien-tôt englouties
dans le tréſor du Deſpote. Mais on ne
voit point que des biens juſtement acquis par le Commerce dans les Monarchies deviennent jamais la proye du
Souverain. Du tems même du ſiſtême,
ce ne ſont point les Commerçans qui
ont ſouffert les plus grandes pertes.

Je ne veux pas entrer dans un plus
long examen ; il ſuffit d'avertir ici que
cette partie de l'Ouvrage de l'Eſprit
des Loix, dénote une grande profondeur de génie, & qu'elle n'eſt pas trai-
tée partout avec auſſi peu de ſoin que
l'endroit que j'ai cité.

Il me reſte à dire un mot du Climat.
Les peuples du Midi ſont moins pro-

pres à faire le Commerce que ceux du Nord. L'Auteur en donne deux raisons. Premiérement, la trop grande chaleur les rend pareſſeux. En ſecond lieu, la fertilité du Climat qu'ils habitent, leur fournit toutes les choſes néceſſaires à la vie : il ſuit de-là, qu'ils n'ont que très-peu de beſoins, & que leur pareſſe les rend peu empreſſés à les ſatisfaire ; il ſuit par conſéquent qu'ils doivent peu aimer le Commerce. Il n'en eſt pas de même des peuples du Nord ; le froid les rend actifs & laborieux ; la nature d'ailleurs leur donne peu, & leur demande beaucoup ; ils ont plus de beſoins à ſatisfaire ; & par conſéquent ils ſont plus obligés de travailler, de commercer, pour ſe procurer ce que le Climat leur refuſe.

Pour peu que l'on conſidere ce qui ſe paſſe dans le Nord & dans le Midi de l'Europe, on ſentira toujours de plus en plus la vérité de ce raiſonnement. Mais pour peu que l'on faſſe attention à certains principes de l'Auteur, on s'appercevra de plus en plus auſſi combien il eſt contraire à lui-même. Il avoit dit ailleurs, que le deſpotiſme

ne pouvoit subsister que dans les Pays
chauds ; que le luxe étoit nécessaire
dans les Etats despotiques, que les
grandes entreprises de Commerce ne
font que pour les Etats où régne le luxe. Il devoit donc dire par conséquent,
que c'est dans les Pays chauds qu'on
doit faire un plus grand commerce.
L'expérience sans doute eût démenti
cette conséquence ; mais l'Auteur du
moins auroit mieux raisonné. Voilà ce
que c'est que de ne pas se souvenir de
ce qu'on a dit ; on tombe dans des contradictions qu'on éviteroit avec un peu
de mémoire, & qui font toujours beaucoup de tort au meilleur jugement.

„ Je demande une grace, dit l'Au-
„ teur dans sa Préface, que je crains
„ qu'on ne m'accorde pas : c'est de ne
„ pas juger par la lecture d'un moment,
„ d'un travail de vingt années ; d'ap-
„ prouver ou de condamner le Livre
„ entier, & non pas quelques phrases.
„ Si l'on veut chercher le dessein de
„ l'Auteur, on ne le peut bien décou-
„ vrir que dans le dessein de l'Ouvrage.

Je déclare d'abord que je ne suis
point du nombre de ceux qui refuse-
ront

ront à l'Auteur la grace qu'il leur demande. Je ne me bornerai pas à condamner quelques phrafes feulement ;
c'eft le corps entier du Livre que je dé-
fapprouve. Si dans un Ecrit on n'avoit
égard qu'aux phrafes, qu'aux morceaux
détachés , jamais Livre , j'ofe le dire ,
n'auroit mieux mérité les éloges , l'admiration générale du Public que celui-
ci ; il eft rempli d'une infinité de traits,
qui, pris chacun féparément , dénotent
le plus grand génie , & qui , réunis enfemble, auroient pû faire, peut-être, de
cet Ouvrage découfû , un Livre admirable , fi on l'eût intitulé fimplement ,
Recueil de penfées détachées. Mais de
nous le donner comme un tout bien af-
forti, comme un compofé parfait , dont
toutes les parties ont entr'elles un rapport direct & néceffaire ; de prétendre
qu'elles forment une chaîne continue ,
dont les anneaux tiennent les uns aux
autres fans aucune interruption;c'eft ce
dont perfonne ne s'eft encore apperçu.
Ce n'eft donc point dans le deffein de
l'Ouvrage , qu'on doit chercher le deffein de l'Auteur ; il eft certain qu'on ne
l'y trouveroit jamais, dût-on lire ce Li-

I

vre pendant autant d'années qu'on en a employées à le faire. M. de M. lui-même convient qu'il y travailla d'abord fort long-tems *sans former de dessein ;* si son dessein est venu après, c'est ce qu'il doit sçavoir mieux qu'un autre ; toujours est-il du moins certain qu'il ne s'est point assez appliqué à le faire connoître. D'ailleurs, il est bien difficile que des choses faites sans dessein puissent avoir entr'elles aucune sorte de liaison. Quoiqu'il en soit, je n'y en vois point, & je le dis d'autant plus hardiment, que je n'ai encore trouvé personne qui se soit formé une idée exacte de ce Livre. J'admire, avec tout le monde, l'érudition prodigieuse dont cet Ouvrage est chargé ; mais je soutiens que si on vouloit bien approfondir tous les traits historiques, qui, par leur nombre, éblouïssent les Lecteurs, on en trouveroit beaucoup qui ne s'accordent pas tout-à-fait avec la vérité de l'Histoire. Je prens ici le premier qui me tombe sous la main. En parlant de l'obéïssance que les Peuples doivent au Souverain dans les différens Gouvernemens, l'Auteur dit, dans le

premier Tome de son Ouvrage, Livre III. Chapitre X. qu'» en Perse, lors-
,, que le Roi a condamné quelqu'un, on
» ne peut plus lui en parler, ni deman-
» der grace Cette maniere de penser,
» ajoute-t'il, y a été de tout tems ; l'or-
» dre que donna Assuerus d'exterminer
» les Juifs ne pouvant être *révoqué*, on
» prit le parti de leur donner la per-
» mission de se défendre.

Sur ces paroles on croiroit véritablement qu'Assuerus ne *révoqua* point
l'Edit qu'il avoit porté contre les Juifs ;
mais qu'il se contenta de leur permettre
de se défendre contre leurs ennemis.
Cependant l'Ecriture dit positivement
tout le contraire ;& voici ce qu'on trouve aux Chapitres VIII. & XVI. du Livre d'Esther. » (*a*) S'il est vrai que je
» vous suis chere, dit la Reine à Assue-
» rus:& s'il vous plaît de me convaincre

(*a*) Si placet Regi, & si inveni gratiam in
oculis ejus, & deprecatio mea non ei videtur
esse contraria, obsecro, ut novis Epistolis
veteres Aman litteræ, insidiatoris & hostis
judæorum, quibus eos in cunctis Regis Pro-
vinciis perire præceperat, corrigantur. Esther. Cap. VIII.

» que mes prieres ne vous font point
» importunes , *révoqués* , je vous en
» fupplie, par de nouvelles Lettres, les
» ordres que le perfide Aman, irrécon-
» ciliable ennemi de mon peuple, avoit
» envoyés en votre nom dans toute l'é-
» tendue de vos Provinces, pour y faire
» mourir dans un feul jour tous les
» Juifs ». On voit d'abord par-là qu'on
pouvoit parler en faveur de quelqu'un
que le Roi avoit condamné , & qu'il
n'étoit point défendu de demander
fa grace, ainfi que l'Auteur l'a avancé.
Mais ce n'eft pas encore là tout : & voici quelque chofe de plus fort contre
M. de M.

Affuérus eut égard à la demande de
la Reine, & il *révoqua* fa premiere Ordonnance par un nouvel Edit. Cet Edit
eft rapporté fort au long au Chapitre
XVI. du Livre d'Efther, & le Prince y
dit expreffément : (a) » Notre inten-

______

(a) Unde eas litteras, quas fub nomine
noftro ille direxerat, fciatis effe irritas. *Ibid.*
Cap. XVI. Vers. 7.

Hoc edictum , quòd nunc mittimus , in
cunctis urbibus proponatur, ut liceat Judæis
uti legibus fuis. *Ibid.* Vers. 19.

» tion est, que les Lettres obtenues par
» Aman contre les Juifs, & envoyées
» sous notre nom à toutes nos Provin-
» ces soient regardées comme surprises
» & de nulle valeur «. Quand on auroit fait ce passage tout exprès, pour
l'opposer aux paroles de M. de M., on
n'auroit pas pû le rendre plus contradic-
toire. Je veux croire, pour l'honneur
du Livre dont j'ai rendu compte, que
les autres traits historiques que l'Auteur rapporte, ont été puisés dans des
sources plus certaines que celles qu'il
a consultées pour celui - ci. Il n'avoit
qu'à lire Racine, il auroit vû, dans la
Tragédie d'Ester, que lorsque Mardo-
chée dit au Roi :

Le péril des Juifs presse & veut un prompt
   secours.

Le Roi lui répond :

Oüi, je t'entens ; allons par des ordres contraires
Révoquer d'un méchant les ordres sangui-
   naires.

Assuérus ne croyoit donc pas, comme l'Auteur de l'Esprit des Loix, que
ses ordres fussent *irrévocables.*

Je crois en avoir assez dit pour bien faire connoître ce Livre. Je finis donc ici mes Observations , & laisse aux Lecteurs à juger dans quel rang il doit placer un Ouvrage où l'on ne trouve rien de médiocre. Les beautés qu'il renferme dénotent un très grand homme ; & l'on y remarque des défauts qu'on ne passeroit pas à un homme ordinaire.

F I N.